Ausgesetzt

Buchvorstellung

Lauterecken 15.4.2013

Ramona Nofitr

Isabella, 1958 geboren als ungewolltes Kind einer Sekretärin und eines Musikers.
Der Säugling muss schon in den ersten Lebenstagen um sein Leben kämpfen und übersteht Tötungsversuche des Vaters. Die Mutter ist überfordert. Vereinsamt und schwer krank wird das Kind von den Großeltern aufgenommen. Die Eltern werden geschieden, die Mutter heiratet einen Zirkusartisten und bekommt weitere vier Kinder. Isabella wird mit fünf Jahren entführt und erfährt schwere Misshandlungen. Die Großeltern holen Isabella zurück. Nach dem frühen Ableben beider Großeltern ist Isabella völlig traumatisiert. Sie wird von ihrer Mutter und der neuen Familie aufgenommen, die bei einem Zirkus engagiert ist. Isabella wird ein Mitglied des „Fahrenden Volkes". Sie begegnet Artisten, Komödianten, Puppenspieler, Chipsy und Roma erlebt deren Alltag und schaut hinter die Kulissen.
Familiär findet sich Isabella aber in einem totalitären System wieder. Stiefvater Charlie kontrolliert und isoliert sie, unterbindet jeden Kontakt nach außen. Verzweifelt und auf sich alleine gestellt sucht sie ihren Weg um in diesem neuen Leben nicht zu zerbrechen.
Pummelig mit Pfälzer Dialekt („Ich bin so anders!") lernt sie sich anzupassen, verteidigt ihre Identität und erfährt ihre innere Stärke. Sie schafft es sich größten Herausforderungen zu stellen. Sie lernt den Umgang mit gefährlichen Tieren und psychische Verletzungen zu überstehen.

Ich bedanke mich vor allen bei meinem Mann Erhard der unzählige Stunden unermüdlich arbeitete, um das Buch zu erstellen.

Originalausgabe 2012
Ver-Di GmbH
Verlag Volker Reinfurth
Johannisstraße 1
54290 Trier

www.ramona-nagiller.de

Das Layout und die Herstellung von druckfertigen
Daten erfolgte durch Erhard Nagiller
Alle Bilder stammen von der Autorin
Alle Rechte, insbesondere das der Übersetzung in fremde Sprachen, vorbehalten. Ohne ausdrückliche Genehmigung des Verlages sind Vervielfältigungen dieses Buches oder von Buchteilen auf fotomechanischem Weg
(Fotokopie, Mikrokopie) nicht gestattet.

Gedruckt in Deutschland

ISBN 978-3-00-039813-1

Lass dich nicht zerbrechen.
Finde deinen Mut
das tut deiner Stärke gut.

Verfolge deine Ziele
Es gibt davon so viele.

Doch mit Rücksicht auf die Schwachen
denn die haben vielleicht
wie du,
nicht viel zu lachen.

Erstarre nicht im Aufgeben.
Entscheide dich für ein
erfülltes lebendiges
Leben.

28.1.2012

Allen Personen gewidmet, die nicht das Glück hatten, unbeschwert aufwachsen zu können.

Danke auch allen Großeltern, Pflegeeltern und Menschen, die Kinder aufnehmen und liebevoll durch das Leben begleiten.

Ausgesetzt

Wie die Seele überlebt.

Kapitel 1

Isabella heiße ich, das zeigt auf, dass meine Mutter in den Fünfziger Jahren schon einen eigenwilligen Geschmack hatte. In dieser Zeit wurden die Mädchen oft Karin, Inge oder Beate getauft.
Isabella passt auch zu mir, wie ich finde.

Zu meiner Person, ich bin inzwischen 53 Jahre alt und wie man sagt, immer noch attraktiv.
Von Kleidergröße 38 habe ich mich verabschiedet, die Größe ist inzwischen auf 42 geklettert, aber ich habe den Vorteil, dass sich alles gleichmäßig verteilt. Meine Oberweite verschleiert meine runden Hüften, was ich absolut gut finde.
Ich wirke wie eine italienische Kindfrau, was die meisten Menschen unterschätzen, was gerade meine „Stärke" ist, wie ich inzwischen herausgefunden habe.
Als Stierfrau geboren bin ich eine absolute Kämpferin, mit ererbten kreativen Talenten, die allerdings erst später

von mir entdeckt werden mussten.
Immer schon wollte ich ein Buch schreiben, bestärkt darin, von unterschiedlichsten Menschen, die mir auf meinen meinem Weg begegnet sind.
Jetzt habe ich mich endlich aufgerafft, damit zu beginnen.
Seit zwei Jahren leide ich massiv und ständig, an immer wieder kehrenden Blasenentzündungen, die sehr schmerzhaft sind, in mir Panikattacken auslösen, mir die Kraft rauben.
Als man mich im Krankenhaus komplett untersuchte, stellte sich heraus, dass organisch nichts fehlte.
Der junge Arzt, der mich untersucht hatte, nahm sich danach auffällig viel Zeit, um mir die Ergebnisse zu erklären.
Plötzlich sagte er zu mir, dass hinter meinen Beschwerden vielleicht etwas ganz anderes dahintersteckt.
Diese Offenheit nahm mir den Atem.
Er hatte tatsächlich recht mit seiner Vermutung.
Ich stand gerade wieder einmal vor einem riesigen Problem und sah keinen Ausweg um die entsetzliche Situation zu bewältigen.
Ich starrte ihn an und merkte, dass ich die Beherrschung völlig verlor.
Ich fing an zu weinen, konnte nicht mehr damit aufhören. Ich weinte und zitterte wie ein Kind, das all sein

Elend einfach in einem Fluss der Tränen los wurde.
Völlig ohne Zwang erwachsen sein zu müssen, losgelöst von allem, ohne Vernunft und ohne Gefühle zu verstecken, einfach losschreien, ohne Scham mit Mut meine Verletzungen aufzuzeigen.
Der Arzt war betroffen, beruhigte mich sanft, irgendwann.
Danach bat er mich, mit einer Psychologin ein Gespräch zu führen.
Ich willigte ein.
Beim nach Hause Fahren dachte ich bei mir: „Na super, jetzt ist es amtlich, dass ich bekloppt bin."
Ich ging in Therapie.

Kapitel 2

Erinnerungen

Ich erinnerte mich an mein Leben in früherer Kindheit.
Isabella, geboren im April, Tochter von Anne, einer Sekretärin und eines Künstlers Conny, ausgebildeter Musiker, Dekorateur, ein kreativer Mann.
Die Ehe war stressig, Conny viel unterwegs, den Damen sehr angetan.
Meine Mutter leidet.
Anne und Conny, meine Eltern, beschlossen Ende der 50er Jahre ein Tanzkaffee in Baden-Württemberg zu eröffnen.
Das Café lief gut.
Anne, meine attraktive Mutter, leitete den Betrieb.
Mein Vater machte Musik, Werbung, er hatte Affären weiterhin.
Es wurde vereinbart, keinen Nachwuchs zu haben.
Conny sagte: „Ich will kein Kind."
Irgendwann war Anne schwanger.
Conny war entsetzt, böse, gewalttätig.
„Mach was, Anne, der Laden, wir können das nicht gebrauchen, geh zum Arzt!"
Anne traute sich nicht, eine Abtreibung zu machen.
Sie weinte, war verzweifelt.

Sie wurde erniedrigt und geschlagen.
„Wir stehen das durch, Conny, du wirst es sehen", sagte sie.
Conny war daraufhin noch mehr unterwegs, beschimpfte sie.

Kapitel 3

Isabellas Geburt

1958 kam ich auf die Welt, ein gesundes Mädchen, mit dunklen Augen und schon dunklen Haaren.
Anne, meine Mutter, versuchte verzweifelt, die Situation zu retten.
Während eines Kinobesuchs meiner Eltern, fanden mich meine Großeltern, die in der Nähe wohnten und einen Schlüssel hatten, nackt am offenen Fenster liegend in meinem Bettchen, bei eiskalter Witterung.
Ich bekam eine schwere Lungenentzündung und war sehr krank.
Bei einem erneuten zufälligen Besuch befreiten mich meine Großeltern von Kissen und Deckbett, die auf meinem Gesicht lagen.
Ich war blau, atmete kaum noch.
Der Arzt drohte mit einer Anzeige.

Meine Eltern zogen mit mir in eine andere Wohnung in ein anderes Viertel.
Conny, mein Vater, hasste mich, lehnte mich ab, kümmerte sich nicht.
Ich erfuhr wenig Zuwendung, lebte vereinsamt im oft abgedunkeltem Zimmer, wurde mit nicht ausreichender vitaminreicher Kost ernährt.
Meine Mutter arbeitete, um das Überleben zu sichern.
Es blieb kaum Zeit für Spaziergänge.
Ein familiäres beschütztes Leben war nicht möglich.
Anne bat ihre Eltern mich zu versorgen, da sie völlig überfordert war.
Meine Großeltern lebten früher auf dem Land bei Pirmasens in gutbürgerlichen Verhältnissen. Sie unterhielten damals ein eigenes Geschäft, einen großen Hof und Ländereien. Doch durch den Krieg verloren sie fast ihr ganzes Vermögen, und wohnten jetzt in Kaiserslautern.
Sie entschlossen sich, mich aufzuziehen, obwohl sie inzwischen finanziell ein sehr bescheidenes Leben führen mussten.
Sie brachten mich in eine Spezialklinik, weil ich eine schwere Rachitis und psychische Störungen hatte.
Meine Beinchen wurden gebrochen und
gerichtet, damit das Laufen später funktionieren konnte.
Fast ein halbes Jahr war ich in der Klinik.

Endlich bin ich bei meinen Großeltern.
Meine Oma Helga und mein Opa Richard lebten in der Stadt.
Ich war glücklich und geborgen.

Kapitel 4

Isabella ist zu Hause.

Irgendwann kam meine Mutter Anne wieder, nach längerer Zeit, geschieden von Conny, meinem leiblichen Vater.
Sie war sehr schön und gut gekleidet.
Sie brachte Schokolade und ein Kleidchen für mich mit. Sie hatte einen neuen Freund, er hieß Charlie. Sie stellte ihn meinen Großeltern vor.
Das Allertollste war: Sie hatten ein Baby, ein Mädchen, Bärbelchen mit einem wunderschönen Porzellangesichtchen, grünbraunen Augen und dunklen Haaren. Ich fand das so schön.
Mutter sagte, sie würde so gern wieder für mich sorgen. Wir könnten wieder alle zusammen eine glückliche Familie sein.
Oma und Opa seihen doch schon ziemlich alt und wir als junge Familie würden doch viel mehr unternehmen

können und schöne Dinge machen, einfach mehr Spaß haben.
Sie fragten mich, ob ich darüber nicht mal nachdenken möchte.
Ich schaute auf das Bärbelchen und fand sie so süß, ich durfte sie auf den Arm nehmen und das Fläschchen geben.
Ich schaute auf meine Großeltern und bekam ganz plötzlich ein schlechtes Gefühl.
„Wenn Mama und Papa mitgehen, sage ich ja", stotterte ich.
„Du kannst sie oft besuchen fahren, deine Großeltern", antwortete meine „neue Mutter".
Ich fühlte mich irgendwie unangenehm und schlecht.
Fast in Panik gab ich blitzschnell das Bärbelchen zurück zu ihrer Mama, lief zu meinem Opa, kletterte auf seinen Schoß und steckte den Daumen in den Mund.
Mein Opa lächelte mich an, meine Angst war verschwunden.
Abends fuhr die neue Familie wieder fort.
Danach hörte ich eine Weile nichts mehr.

Kapitel 5

Entführung

Ich kam vom Spielen, das Knie aufgeschlagen, es blutete. Kurz vor der Haustüre, die ich schon berührte zum Aufmachen, hörte ich meinen Namen.
„Isabella-Isabella, bleib stehen, eine Überraschung", ich kannte die Stimme, irgendwie.
Ich stand wie angewurzelt, drehte mich langsam um.
Ein grauer Opel Blitz Kleinlaster mit geöffneter, zurückgeschobener Seitentür stand da an der Straße, direkt am Eingang meines Wohnhauses.
Die „neue Mama" winkte fröhlich aus dem Auto, auf dem Arm das Bärbelchen, der neue Mann saß am Steuer des Lieferwagens.
„Isabella, komm her, die Überraschung", rief meine „neue Mutter".
„Wir machen einen Ausflug."
„Oh ja", rief ich begeistert.
„Steig ein, Isabella, schnell", antwortete Anne, meine Mutter.
„Aber Mama und Papa?" fragte ich plötzlich ängstlich.
„Sie treffen uns", lachte Anne, „los, beeile dich!"
Ich stieg ein.
Wir fuhren lange, es war so schön.

Irgendwann fing Bärbelchen an zu weinen, und Anne, meine Mutter, gab ihr ein Fläschchen, das vorbereitet in einem Körbchen eingewickelt stand.

Ich fühlte mich auf einmal müde und schlief ein.

Ein sanftes Rütteln weckte mich auf.

Es war dunkel, der Wagen hatte angehalten, alle stiegen aus, ich kletterte schlaftrunken aus dem Fahrzeug und schaute mich um.

Bei spärlicher Beleuchtung sah ich einen großen Platz, der eingezäunt war, mit hohen Blechwänden.

Das große Eingangseisentor war ganz zurückgeschoben, stand auf, wir alle liefen durch das Tor.

Ich sah ganz viele Fahrzeuge, Wohnwagen aus Holz, Campingwagen, ein aufgebautes Zelt mit bunter Plane, Autos, Kleinlaster.

Charlie, der Freund meiner Mutter, fuhr seinen Lieferwagen durch das Tor, stieg aus und schob es zu, schloss ab.

„Mama, Papa, wo sind sie?" fragte ich Anne unbehaglich.

„Isabella, es ist schon spät und dunkel, sie können heute Abend nicht da sein", sagte Anne, etwas unwirsch.

„Das verstehst du doch, du bist doch schon groß".

Ich war noch keine sechs Jahre alt.

Ich nickte tapfer, kämpfte mit den Tränen.

„Aber morgen?"

„Morgen werden sie kommen", sagte Anne.

„Ja morgen" wiederholte ich, fühlte mich kalt und verloren.
„Jetzt gibt es was zu essen", sagte Charlie, ihr neuer Mann, „Dann sieht die Welt ganz anders aus", er lachte mich an.
Anne nickte dazu.
Wir alle stiegen die Treppe eines Holzwohnwagens hinauf und gingen nacheinander durch die Tür.
Ich betrat das allererste Mal einen Wohnwagen, ich sah mich um.
Im vorderen Bereich war eine kleine Küche eingerichtet mit kleinem Tisch, einer Eckbank und zwei Stühlen.
In der Mitte des Wagens gab es eine Art Wohnzimmer mit herunter klappbarer Schlafmöglichkeit.
Seitlich war ein eingebauter Kleiderschrank.
Im hinteren Bereich gab es noch eine schmale Schlafmöglichkeit, mit ebenfalls einem größeren Einbauschrank, schmal und hoch.
„Setz dich auf die Eckbank", sagte Charlie.
Bärbelchen wurde versorgt mit Windeln und einem Fläschchen, dann aßen wir zu Abend.
Sie waren freundlich zu mir. Ich hatte keinen Appetit und Mühe nicht zu weinen.
Ich wollte meine „Eltern" bei mir haben. Der Schmerz nagte in meinem Magen, ich fühlte mich so hilflos.
Mir war schlecht.
Anne ging in den hinteren Bereich des Wohnwagens und zeigte mir das schmale Bett, das schon mit einem

Kissen und einem Deckbett ausgestattet war.
„Hier kannst du schlafen", sagte sie, und zeigte mir noch eine größere Schüssel und Seife, auch ein Handtuch.
„Hier kannst du dich waschen, für heute. Wenn du Pipi musst, schau her, ist hier noch ein Eimer dafür, und wichtig"- sie schaute mich eindringlich an.
„Mit dem Eimer gehst du bitte raus aus dem Wagen und erledige dein Geschäft draußen, weil Pipi machen und das große Geschäft ist in dem Wohnwagen nicht erlaubt."
Ich starrte Anne an.
„Na komm, ich zeige dir, wie das geht", überspielte Anne meinen entsetzten Gesichtsausdruck.
Wir gingen raus, die schmale Holztreppe nach unten. Mama zog mir die Hose runter.
„So, jetzt kannst Du pullern oder was Du sonst so musst", befahl sie, schob mir den Eimer unter den Hintern.
„Und vergiss das Toilettenpapier nicht, das hinter dem schmalen Schränkchen in deinem Abteil steht", ermahnte sie mich.
Ich nickte.
„Geht doch", lachte sie zufrieden, als ich fertig war.
„Ab nach drinnen, waschen, und ins Bett!"
Alle gingen schlafen, Charlie mit Anne im Mittelteil des Wagens. Bärbelchen schlief in einem Korbwagen in der Nähe des Bettes.

In der ersten Nacht hat mir die Angst fast die Besinnung genommen.
Ich hörte fremdartige Geräusche und lachen, reden von Leuten draußen, die noch nicht schliefen.
Ich betete, dass meine Großeltern morgen kämen, um mich wieder mit nach Hause zu nehmen.
Ich machte mich ganz klein und rund, zog die Beine an, wickelte das Deckbett fest um mich.
Irgendwann schlief ich ein.
Ich fragte jeden Tag, warum kommt Mama und Papa mich nicht holen.
„Sie können nicht kommen", sagte Anne und schaute irgendwie traurig aus.
„Dein Papa ist im Krankenhaus, er ist sehr krank, sie können dich nicht abholen."
In meinem Kopf hämmerte es unablässig,
Er kommt nicht, er kommt nicht. Warum? War ich böse?
Was ich damals nicht wusste: meine Mutter hatte einen Antrag beim Jugendamt gestellt, um bei ihr zu leben.
Es war zugestimmt worden, da mein Opa schwer an Krebs erkrankt war. Das Jugendamt hatte es genehmigt ohne Überprüfung meiner Unterkunft.

Ich wartete und wartete, jede Minute, jede Stunde, jeden Tag.

Kapitel 6

Charlies Familienclan

Es waren einige Leute auf dem großen Platz. In dem bunten Zelt, das ich bei meiner Ankunft gleich bemerkte, waren Pferde eingestellt. Die ganze Familie von Charlie, des neuen Freundes meiner Mutter, waren alle da. Es waren viele Leute. Sie begrüßten mich freundlich, sagten, dass ich hübsch sei.
Ich starrte alle an, fühlte mich so alleine.
Charlie lachte dazu: „Das wird schon" sagte er zu mir.
„Das sind meine Eltern", stellte mir Charlie seine Eltern vor.
Ich bemerkte zwei ältere Leute, die ein wenig abseits standen. Ich wurde von Charlie in ihre Richtung geschoben, ich sah auf. Eine etwas korpulente Frau mit kunstvoll hochgesteckten roten Haaren stand vor mir. Ihre Augen waren blau, die Nase schmal, ebenso der Mund. Sie hatte ein blaues Kleid an, das ihr gut stand. Um ihren Hals trug sie ein Collier aus weißen und blauen Steinen, an ihren Ohren hingen lange aufwändige tropfenförmige Ohrringe, die zu dem Collier passten. An ihrer einen Hand trug sie noch den dazugehörigen großen Ring. Ihr Armgelenk war bestückt mit einem breiten, mit Münzen behangenen schweren Armband.

Wirklich, so was hatte ich noch nie gesehen.

„Hallo, Isabella!" Ihre Augen blickten freundlich, ihre Hand bewegte sich nach vorne, um mein Gesicht zu berühren.

Entsetzt wich ich zurück.

Charlie, der hinter mir stand, hielt mich an den Schultern fest.

„Schau, Isabella, du musst wissen, das ist meine Mama und jetzt deine neue Oma Elsbeth, und hier, dieser Mann, ist mein Papa, und jetzt dein neuer Opa Adolf."

Er bückte sich zu mir, umfasste meine Hände.

„Du weißt doch, dass wir alle eine große Familie sind".

Ich riss meine Augen auf und starrte auf den vorgestellten neuen „Opa".

Ich sah eine großen schlanken Mann vor mir, mit vollen weißen Haaren, eisblauen Augen, einer gebogenen schmalen Nase, ebenfalls einem schmalen Mund, mit einem schmalen weißen Oberlippenbart. Er war gekleidet mit einem karierten Baumwollhemd, einer helle Hose und Reitstiefeln. Er schaute mich fast unbeteiligt an. Als ich seinen Blick auf mir spürte, fröstelte mich, ich fühlte die unangenehme Kälte, die mitleidlose herrische Ausstrahlung seiner Persönlichkeit, und fürchtete mich.

„Oma" und „Opa" sollte ich sagen? Ich sah Charlie an, schüttelte den Kopf.

„Nein, Oma und Opa will ich nicht sagen, und überhaupt

will ich die alle nicht haben!" sagte ich bockig.
Sie waren so laut und so anders.
„Ich will nach Hause, wann komme ich heim?" Ich bekam keine Antwort.
Charlie lächelte, nahm mich an der Hand und brachte mich zu Anne, die mit Bärbelchen beschäftigt war.
Meine Mutter zeigte mir mit viel Geduld, wie ich Bärbelchens vorbereitetes Fläschchen aus der Warmhaltebox nehmen musste, übte mit mir, wie ich sie Bärbelchen zum Trinken geben sollte, mit Bäuerchen und so.
„Und wenn du sie dann ins Bettchen zurücklegst, pass auf das Köpfchen auf, stütze es ab. Lass sie niemals fallen, hörst du, Isabella? Mama muss spät abends arbeiten, damit wir was zu essen haben. Das verstehst du doch? Ich hab dich ganz fest lieb". Sie streichelte mir über den Kopf.
Ich schaute sie an.
Mama arbeitete jetzt nachts in einem amerikanischen Offiziersclub hinter der Bar.
Charlie war in der Nacht auch nicht da.
Ich versorgte Bärbelchen, wenn sie weinte, Hunger hatte, wie Mama mir gezeigt hatte.
Ich weinte mich fast jede Nacht in den Schlaf. „Papa, wann kommst du?"

Der Freund meiner Mutter war lustig, er machte oft

Musik, spielte Akkordeon, es gab Partys und Feste auf dem Platz.

Die Feste gingen oft bis tief in die Nacht.

Am Tag war ich oft im Zelt, wo die Pferde standen, und freundete mich mit einer Stute an, die Fanni hieß.

Das Pony ließ mich kurzfristig mein Heimweh vergessen. Ich wartete.

Ansonsten half ich Anne ein bisschen beim Haushalt und mit Bärbelchen, die ich auf dem Platz in einem Kinderwagen hin und her fahren durfte. Ich holte für den Abwasch Wasser in einem Eimer, es gab kein fließendes Wasser auf diesem Grundstück. Das Wasser wurde in großen Milchkannen mit Deckel von den Arbeitern beigeschafft, die bei Charlies Familie die Pferde versorgten und auch die Fahrzeuge strichen. Das Wasser musste bei einer 1 km weit entfernten Tankstelle eingefüllt werden. Das war oft dreimal am Tag mal nötig, da auch die Pferde getränkt werden mussten. Pferde brauchen viel Wasser. Die großen Kannen standen auf einem Holzanhänger mit Deichsel, der von den Männern mit der Hand gezogen wurde.

Bemerkenswert fand ich auch, dass alle Leute mit ihren Pipieimer, der an jedem ihrer Wagen an der Ecke stand, morgens in eine Ecke auf dem Platz liefen und in ein großes ausgeschaufeltes Erdloch den Inhalt leerten.

Meine „neue Mama" musste auch den Eimer von Charlies

Eltern ausleeren, was ich wirklich eklig fand.
In der Zeit, in der ich nicht beschäftigt war, saß ich auf der Holztreppe des Wohnwagens und starrte auf das große Eisentor, das direkt geradeaus vor unserem Wagen zu sehen war.
Mit seinen senkrecht eingesetzten Gitterstäben wirkte es auf mich wie ein gefährliches Monster, das mir seine riesigen Zähne zeigte.
Ich wartete. Wann kommst du?
Ich zermarterte mir den Kopf, warum mein Papa mich nicht abholen kam.
Es gab keine Kinder zu spielen.
Ich war so allein.

Kapitel 7

Alptraum

Es war ein paar Tage später an einem Spätnachmittag. Charlies Mutter Elsbeth verabschiedete sich bei Charlie und Mama. Sie erzählte uns, dass sie über das Wochenende ihre Schwester besuchen fährt und abgeholt wird. Ihre Schwester sei erkrankt und sie müsste dort nach den Kindern sehen und sie versorgen. „Bitte schaut nach Adolf und kocht was für ihn mit."
Adolf war Charlies Papa, zu dem Ich Opa sagen sollte.

„Kein Problem", sagte Anne und begleitete Elsbeth aus dem Tor, wo auch schon ein Auto angehalten hatte, um Elsbeth mitzunehmen.
Abends ging Charlie aus mit Freunden, um Geburtstag mit Ihnen zu feiern. Er verabschiedete sich auch von Anne und mir.
Als es dunkel wurde, musste Anne zur Arbeit in den Club. Sie unterwies mich noch mal in allem in Bezug mit Bärbelchen.
„Wenn du aufwachst, bin ich wieder da", sagte sie.
„Ja", sagte ich, fühlte mich leer.
 Sie küsste mich und ging.
Die Arbeiter und Artisten packten ihre Sachen, es war Wochenende, sie hatten endlich Freizeit. Alle besuchten dann ihre Familien, Freunde oder fuhren nach Hause.
Ich habe schon geschlafen, Bärbelchen war auch ruhig.

Es ist Nacht, ich bin mit Bärbelchen allein.
„Isabella, Isabella, komm sofort!"
Träumte ich?
Ich kenne diese aggressive Stimme, ich höre sie am Tag, jeden Tag scharfe Befehle schreien. Es ist die Stimme von dem neuen Opa Adolf, den ich überhaupt nicht mag, den ich tagsüber vermeide zu begegnen.
„Sofort, ich weiß, dass du mich hörst, komm rüber!"
Mein Magen krampft sich zusammen, eiskalt wird mein

Herz zusammengedrückt, ich bin allein.
Ich halte mir die Ohren zu. Es ist so dunkel. Ich ziehe mir das Deckbett über den Kopf, rolle mich zusammen, stecke den Daumen in den Mund.
Er hört nicht auf zu rufen, immer lauter!
Ich mag ihn nicht, den neuen Opa. Ich habe so Angst vor ihm, wenn er mich ansieht.
„Isabella, komm her!"
Ich steige aus dem Bett, schlüpfe in meine Schuhe. In meinem zu großen Nachthemdchen mache ich mich angstschlotternd auf den Weg zu dem Containerwagen, in dem meine neuen Großeltern wohnen.
Ich öffnete die Tür: „Ja?"
„Komm her, warum hat das solange gedauert", brüllte er mich an.
„Ich bin krank, du sollst was für mich tun!" befahl er mir mit messerscharfer Stimme.
„Komm hierher an mein Bett!!"
Ich näherte mich seiner Bettstatt in Zeitlupe, mit weit aufgerissenen Augen, zu Angst erstarrt.
Er liegt in seinem Bett.
Starrt mich mit diesem stechenden Blick an, genießt meine panische Angst.
Ich bin an dem Bett angekommen, stehe hilflos, gelähmt davor.
„Bauerntölpel!" Zischte er.

Ich roch seinen unangenehmen Atem.
Dann packte er meine linke Hand, umklammerte sie und fuhr mit ihr unter das Deckbett, mit dem er zugedeckt war. Er hatte sich schon den Unterleib entblößt.
Mit stahlhartem Griff fuhr er mit meiner Hand an seinen Penis und masturbierte ihn. Gleichzeitig fuhr er hoch, riss mich an sich und steckte seine widerwärtige Zunge in meinen Mund. Ich fing an mich zu wehren, schlug ihm in Abwehr meine rechte geballte Faust auf die Nase. Vor Schmerz ließ er mich los.
Gleichzeitig erbrach ich mich vor Ekel auf seine Decke, die Tränen liefen über mein Gesicht, er ließ von mir ab. Ich lief aus dem Containerwagen, verlor einen Schuh, rettete mich in den Wohnwagen, wo ich jetzt lebte und Bärbelchen ruhig schlief. Ich rannte in mein Abteil, versteckte mich unter der Decke und rührte mich nicht mehr.
Ich fing an das Essen zu verweigern, erbrach, lutschte Daumen, sprach kaum noch.
Wann kommt Papa?
Adolf tat am nächsten Tag, als wäre nichts passiert.

Kapitel 8

Opa kommt.

Die Tage vergingen, ich fühlte mich immer schwächer und kälter.
Anne und Charlie waren ratlos. Sie sprachen mit mir, aber ich war nur noch müde, voller Traurigkeit, antwortete nicht.

Ich saß auf der Holztreppe des Wohnwagens, wieder einmal.

Emsiges Treiben auf dem Platz, ich starrte auf das Tor.
Plötzlich hörte ich eine Autotür, die sich öffnete und die mit einem lauten Geräusch wieder zugeschlagen wurde.
Jemand war ausgestiegen und klopfte laut an das Tor.
Willi, der Bruder von Charlie öffnete das Tor
einen Spalt, redete mit dem Besucher.
Aufmerksam registrierte ich den Vorgang und bemerkte, dass „Onkel Willi" immer lauter sprach, und aggressiver wurde, danach plötzlich zurücktrat, das Tor wieder verschloss und die zusätzlich angebrachte Sicherung aktivierte.
Willi rief dann aufgeregt nach Charlie.
Neugierig geworden stieg ich die Holztreppe hinunter, lief an das Tor. Durch die angebrachten, eng aneinander

stehenden Gitterstäbe, sah ich ein Auto, das ich kannte. Einen weißen VW.

Ich presste meinen Kopf an das Metall und dann sah ich ihn stehen - Papa!

„Isabella, ich bin hier".

Ich höre seine Stimme, die ich so vermisst habe. Ich sehe seine braunen, warmen sanften Augen.

„Papa, Papa, Hilfe, hol mich, Papa, Hilfe, ich will mit!"

Ich schreie mir meine Seele aus dem Leib, bin völlig hemmungslos hysterisch, rüttele an den Gitterstäben.

„Papa, du darfst nicht gehen, ich bin wieder lieb, bitte, bitte!"

Meinem Papa liefen die Tränen über das Gesicht.

„Ich hole dich, ja Isabella, ich hol dich ab!"

Meine Mutter, die angelaufen kam, um mich zu beruhigen, festzuhalten, hatte kaum eine Chance, ich trat, biss, spucke, ich wand mich, trommelte, weinte, schrie wie am Spieß, völlig aufgelöst.

Charlie kam angerannt mit rotem Gesicht. Er sprach mit meinem Opa, wollte vermitteln.

Das Tor wurde geöffnet, mein Opa lief auf den Platz. Die Situation spitzte sich zu, die Diskussionen wurden immer lauter und gefährlicher.

Aus allen Ecken kamen die Clanmitglieder, Arbeiter.

In Panik schnappte mich meine Mutter und schleppte mich aus der Gefahrenzone, in Richtung Stallzelt, wo die Pferde standen.

Aus den Augenwinkeln sah ich, während ich nach meiner Mutter schlug und strampelte, um mich zu befreien, wie sich ein Familienmitglied einen übrig gebliebenen Eisenanker, mit dem das Stallzelt gesichert wurde, schnappte und zu der Menschengruppe lief.
Dann erreichten Anne und ich das Stallzelt.
Ich hörte das Geschrei von draußen, sah nichts mehr.
Anne hielt mich im Schwitzkasten, ich war ein tobendes schreiendes Bündel Mensch.
Der Durchgang hinter den Pferdeboxen, durch den wir uns kämpften, war sehr schmal.
Die Pferde schnaubten und wieherten nervös wegen meiner Tobsucht.
Ein Pferd trat zurück, nervös tanzend, und schlug aus, um uns zu treffen.
Wir fielen beide in eine dort abgestellte große Kiste.
Beim Aufrappeln und Aufstehen, bemerkte ich entsetzt, dass sich dort in einer Kiste junge Welpen befanden von der Schäferhündin, die den Platz zusätzlich bewachte.
Anne und ich hatten 3 Hundebabys durch den Sturz totgedrückt.
Ich schrie und schrie!
„Isabella, ich komm dich holen, ich schwöre es", hörte ich Opa von draußen laut schreien, dann fuhr er weg.
Er ist weggefahren, für mich ging die Welt unter.

Ich aß nichts mehr, was ich schluckte, erbrach ich.

„Hast Du mich nicht ein ganz kleines bisschen lieb und Charlie ist doch auch nicht schlecht zu dir ?" fragte mich meine Mutter Anne.

„Ich will zurück zu meinem Papa!", ich wich zurück und senkte den Kopf.

Ja, Charlie ist nicht schlecht zu mir, er übt mit mir Gymnastik. Ich bin biegsam wie eine Gummipuppe, mache Handstand und schaffe schon einen Spagat. Ich bin talentiert und graziös, sagt er. Er ist immer freundlich zu mir und auch sehr lieb zu Bärbelchen, die auch inzwischen mein ein und alles ist.

Wenn sie mit mir lacht und nach mir greift, bin ich glücklich.

Ich schaue Charlie fast bettelnd an.

„Bitte, ich will nach Hause, zu meinem Papa", japse ich, kaum noch Stimme.

Ich breche und breche, behalte nichts bei mir, bekomme hohes Fieber.

Bin krank, müde.

„Er kommt morgen, dein Opa, und holt Dich ab", sagt Anne.

Ich schaue sie an, apathisch.

„Ja, morgen", sage ich, ohne Freude.

Ich will nur noch schlafen.

Er ist gekommen, holt mich ab in seinem VW, er setzt mich hinten ins Auto, ich bin so müde.

Wir fahren los, ich schaue nicht zurück.
Irgendwann ist die Fahrt zu Ende.
Auf allen vieren, klettere ich zu Hause die Treppen, die nach Bohnerwachs riechen, hoch bis an die Wohnungstür.
Oma öffnet die Tür, sie weint.
Opa, der langsam hinter mir die Treppenstufen nachsteigt, weint.
Wir weinen alle drei, umarmen uns, ich werde ruhig, bin glücklich, -
Ich bin zu Hause.

Ich brauchte Ärzte und eine ganze Weile, bis ich wieder gesund war. Eine Frau von einem Amt kam, befragte mich, sagte, ich kann bleiben.

Kapitel 9

Mein Teddybär.

Opa lachte: „Freu dich, Isabella, ich muss heute in die Stadt etwas erledigen, wenn du willst, kannst du mich begleiten."
„Oh ja!"
Blitzschnell war ich passend angezogen, und schon waren wir beide unterwegs.
Es ging mit dem Bus in die Stadt, weil das Auto inzwischen verkauft war.

Wir fuhren eine ganze Weile, alles war neu und aufregend. In der Stadtmitte stiegen wir aus. Opa musste auf dem Rathaus irgendwelche Papiere abgeben und noch neue Passbilder machen.

Wir fanden am Hauptbahnhof einen Fotokasten mit Vorhang. Opa ging hinein, warf irgendwelche Münzen in den Automat, musste ganz still sitzen, dann wurde fotografiert und die Bilder kamen dann außen aus einem Schlitz heraus.

Ich wäre so gerne mit in der Kabine gewesen, um alles zu sehen.

Aus diesem Grunde schielte ich von außen, unter dem Vorhang durch, dadurch brachte ich meinen Großvater zum Lachen, und die Bilder waren nicht verwendbar.

Erst als ich mich in der Kabine auf seinen Schoß setzen durfte und wir beide zusammen uns fotografieren ließen, ist es ihm gelungen, seine amtlichen Fotos auszudrucken, die er benötigte.

Ich war inzwischen mit unseren gemeinsamen Bildern beschäftigt, die ich absolut toll fand. Später präsentierte ich sie triumphierend meiner Oma und gab sie natürlich nicht mehr her oder teilte sie.

Der Tag war noch nicht zu Ende, wir machten noch einen kleinen Stadtbummel.

Es gab in der Stadt ein riesiges Kaufhaus, mit vielen Lichtern, große Ein- und Ausgänge. Hinter den Schaufens-

terscheiben standen Menschenpuppen, die ganz toll angezogen waren: Frauen, Männer, Kinderpuppen.
Ich staunte.

„Komm, wir gehen mal rein und schauen uns um", sagte mein Opa verschmitzt.
Ich war begeistert, ich sah so viele Dinge.
Es gab eine Rolltreppe, die ganz nach oben fuhr, Stockwerk für Stockwerk. Ich bestaunte das Kaufhaus, bis wir ganz oben ankamen.
Da befand sich die Spielzeugabteilung.
Ich war völlig entzückt, konnte mich kaum noch bewegen, drehte mich um, hielt mir die Hände auf dem Mund, um meine Begeisterung nicht herauszuschreien.
Spielzeug, Autos, Puppen, Kaufläden und Stofftiere Teddybären, einer größer, schöner, bunter, als der andere.
Bevor mich mein Opa festhalten konnte, lief ich an einen großen runden Ständer, der fünf Ablagen hatte.
Im unteren Ablagebereich saß er ...
mein Bär.
Mit gelblich flauschigem Fell, großen Augen, runden Plüschohren und roter Schleife.
Rief er mich???
Ja, ich hatte es genau gehört!
Ich schnappte ihn, drückte ihn an mich, bei dieser Bewegung hörte ich ein dumpfes Brummen aus seinem Bauch.

„Bääh", sagte er.
Meine dunklen Augen suchten das Gesicht meines Opas.
Mein trutziges Gesicht und die vorgeschobene Schnute signalisierten ihm:
Keine Diskussion.
Bitte - der muss es sein, das ist meiner!
Mein Großvater kam her, streichelte meinen Kopf, nahm mir den Bär aus dem Arm und schaute auf den ausgezeichneten Preis.
Sein Gesicht legte sich danach etwas sorgenvoll in Falten.
„Das wird eng", hörte ich ihn murmeln.
Er nahm meine Hand, ging zur Kasse und bezahlte das Stofftier.
Ich jubelte, drückte den Bär an mich.

Danach hatten wir beide einen langen Nachhauseweg.
Opa hatte kein Busgeld mehr für uns.
Wir mussten laufen.

Kapitel 10

Es kam die Schulzeit.

In der Schule war ich ein zurückhaltendes Kind mit wenig Freunden, trotzdem voller Fröhlichkeit und zufrieden. „Sonnenscheinchen" nannte mich meine erste Lehrerin, Frau Goldmann. Sie mochte meine Grübchen, die sich in meinen Backen zeigten, wenn ich lachte. Ich hatte lange dunkle Zöpfe, die meist mit roten Schleifen am Ende zusammengehalten wurden. Ich war inzwischen etwas pummelig, aber nicht wirklich dick. Leider musste ich die Kleider auftragen, die von Kirchenspendern vorbeigebracht wurden, da meine Großeltern sehr wenig Geld hatten.
Ich mochte die Sachen nicht gerne anziehen, meine Mitschüler kicherten oft hinter vorgehaltener Hand deswegen. Sie waren besser gekleidet. Deshalb hatte ich auch fast keine Freunde, außer Soraya, einem Mädchen aus Griechenland. Sie hatte auch nicht viel. Im Rechnen kam ich nicht gut mit. Mein Onkel Karl versuchte mir mit Nachhilfestunden zu helfen, er bemühte sich wirklich redlich. Doch ich war mit meinen Gedanken immer woanders. Aber in Deutsch war ich richtig gut. Wenn ich einen Aufsatz schrieb oder vorlas, war ich wirklich in meinem Element.

Frau Goldmann setzte Soraya zu mir an meinen Tisch, damit ich ihr beim deutsch Schreiben helfen konnte und das klappte prima. Soraya und ich verstanden uns ohne Worte.
Als ich siebeneinhalb Jahre alt war, spürte ich ein komisches dunkles Gefühl wieder, das mir bekannt war - irgendwie, das ich vergessen hatte.
Das Gefühl war kalt, hässlich und lähmte mich.
Es waren Schübe, ich versuchte sie zu bekämpfen.
Opa musste so viel zum Arzt, hatte wenig Zeit für mich. Er wurde so dünn, so hässlich mit großen Augen, umringt mit dunklen Rändern, musste sich so viel hinlegen, ausruhen, schlafen.

Opa, den ich Papa nannte, sagte einmal zu mir: „Kind, glaub mir, es gibt Menschen, die würden gerne den Teller leer essen, wenn sie könnten. Sei lieb, und iss fertig, was Oma dir ausgeschöpft hat!"
Heute weiß ich, er hatte Speiseröhrenkrebs.
Er kam ins Krankenhaus.
Ich fing wieder an, Daumen zu lutschen, was mir den Spott meiner Mitschüler einbrachte, wenn ich mich „vergaß".
Ich war mit Oma alleine, durfte nicht mit ins Krankenhaus.
Er war so lange weg. Ich habe ihn so vermisst!!
An einem Tag kam ich von der Schule an dem Haus meiner Tante vorbei.
Im Parterre das Küchenfenster war weit geöffnet.

Tante Inga beugte sich heraus, und rief:
„Isabella, Isabella, dein Opa ist zu Hause."
Sie lachte.
Ich blieb wie angewurzelt stehen,
„Wirklich?" fragte ich ungläubig.
„Ja, lauf!" bestätigte Sie.
Ich warf meinen Schulranzen, im hohen Bogen über den kleinen Gartenzaun des Vorgartens und rannte los, so schnell mich die Beine trugen, nach Hause.
Ich lief und lief, die Treppen, die Stufen des Wohnhauses hinauf, hämmerte mit den Fäusten an die Eingangstür.
Als diese geöffnet wurde, sah ich ihn und fiel meinem Opa um den Hals.
Alles Glück der Erde, er war wieder da.
Ich war so glücklich.

Es ist alles so anders als vorher. Er ist so viel alleine im Zimmer, schläft, der Arzt kommt, oft.
Ja, er ist da, ich gehe zu ihm, aber er ist immer so müde.
Dieses komische Gefühl ist wieder da, ich habe Angst, will wieder, dass es wie damals ist, als wir so viel Spaß hatten.
Als ich acht Jahre alt war, starb mein Opa.
Sie kamen in sein Zimmer und legten ihn in einen Sarg, liefen mit ihm die Treppen hinunter.
Ich weinte nicht.
In mir war alles nur kalt.

Allein

Du bist jetzt fort.
An irgendeinen anderen Ort.
Ich bin allein, es ist dunkel,
Mir ist kalt,
Meine Hände sind zu Fäusten geballt.
Wünsche mir, dass das Leben.
Aufhört,
Die Sonne nicht mehr für mich
Aufgeht.
Ich schließe die Augen.
Sehe ein kleines Licht.
Erkenne dein Vertrautes,
Lächelndes Gesicht.
Du sagst ganz leise:
„Denk das nicht,
Kämpfe,
Nicht aufgeben,
Es gibt noch soviel.
Zu erleben,
Ich vergesse.
Dich nicht.
Wir werden uns.
Wieder finden.
Im Licht."

3.11.2011

Kapitel 11

Dunkle Träume.

In der Schule blieb ich fast sitzen, entwickelte ein Art Autismus. Meine Umwelt und das Geschehen nahm ich wie ein Zuschauer wahr, der sich einen Film betrachtet. Ich lutschte Daumen, um mich zu beruhigen, aß schlecht und versuchte leidenschaftslos meinen Alltag zu bewältigen. Oma ging viel in die Kirche. Einmal mittwochs und am Sonntag morgens und nachmittags. Sie nahm mich mit. Ich fand den Kirchgang zu viel, zu oft, wagte aber nicht zu widersprechen, da ich wusste, wie viel er Oma bedeutete.

Auch beobachtete ich immer wieder, dass Oma Geld spendete in Briefkuverts, fast bei jedem Besuch. Es war ein Kasten im Inneren der Kirche aufgestellt. Neben den Kasten stand immer ein Priester, der sich für die Spende bedankte.

Wir hatten nur einfachstes Essen auf dem Tisch, einmal im Monat gab es vielleicht Fleisch zu essen. Meine Kleider waren immer noch von der Kleidersammlung. Oma leistete sich nichts. Ich erinnere mich noch an den riesengroßen Topf mit kochendem Wasser, der in der Küche auf dem Herd stand. Die Weißwäsche wurde darin gewaschen mit Seifenlauge.

Umgerührt wurde alles mit einer Art Holzkochlöffel. Der Herd war gleichzeitig Ofen und wurde mit Holz und Briketts gefeuert.

Einmal die Woche wurde gebadet, ansonsten, Katzenwäsche, Gesicht, Hände, ein bisschen da, ein bisschen dort, später Zähne putzen.

Oma half Tante Inga und Onkel Heinz, die bei uns in der Nähe der Schule in einem großen Mietshaus wohnten. Die Beiden hatten inzwischen vier Kinder.

Tante Inga ging in der Schule putzen. Onkel Heinz arbeitete bei einer Krankenkasse, später bei den Amerikanern.

Oma versorgte den Haushalt und die Kinder, wenn meine Tante arbeitete.

Der älteste Sohn Georg war ein Jahr jünger als ich und die nächsten waren alle noch im Kleinkindalter.

Ich betreute die Kinder mit, nach meiner Schule, mit mehr oder weniger Spaß, da man in meinem Alter den Kinderwagen und Kleinkinder doch auch als Belastung ansah.

Oma verbrachte viel Zeit bei Tante Inga und ihrer Familie, ich war mit dabei.

Am Heiligen Abend feierten wir zusammen das Fest.

Oma hat mir „Anita" eine Puppe geschenkt, ich liebte sie sehr. Abends gingen wir nach Hause.

Der Alltag war da, voller grauer Tage, und grauer Träume.

Daumen lutschen.

Kapitel 12

Die Pubertät fängt an.

Mit meiner Oma verstand ich mich gut.
Allerdings hatte sie bestimmt manchmal unter meinen pubertären Ausbrüchen zu leiden.
Ich nahm eine gewisse Beschützerrolle für Sie ein, da sie sich meiner Meinung nach zuviel für die Probleme ihrer Töchter einsetzte. Ständig wurde sie gebraucht, für Arbeiten, Babysitter und auch finanziell.
Für Oma und mich blieb fast nichts übrig. Für uns beide war sie ständig am Sparen, und das ärgerte mich.
Sie war auch fast fanatisch religiös, ging dreimal die Woche in die Kirche, ich war meistens mit dabei. Ich empfand das für mich irgendwie zu viel. Wenn ein Volksfest stattfand in unserem Städtchen, konnte ich ihr keinen größeren Gefallen tun als mir einen Besuch nicht zu wünschen.
„Kind, das ist Teufelswerk", erklärte sie mir, „wenn du diesen Sachen entsagst, kommst du in den Himmel, dort wird es dir gefallen, es wird dir gutgehen" Sie umarmte mich dabei, küsste mich, ich gab nach, verzichtete (innerlich komplett frustriert).
Meine Schulkameraden besuchten das Fest mit ihren Eltern, waren begeistert, überhaupt konnte ich mit ihnen

nicht mithalten, ich trug immer noch die getragenen unmodischen Sachen von der Kirche oder der Caritas. Bei Aktionen in der Schule konnte ich nicht mitmachen oder gar mitfahren, weil kein Geld dafür zur Verfügung stand.

Ich war, glaube ich, gut erzogen, machte artig einen Knicks, der in meiner Zeit üblich war, sprach nicht dazwischen, wenn andere Leute sich unterhielten. Natürlich war auch gerade Sitzen am Esstisch gefragt, und Aufstehen, bevor die anderen Familienmitglieder mit der Mahlzeit fertig waren, ging schon gar nicht.

Kapitel 13

Erneuter Kontakt mit meiner Mutter.

Anne, meine Mutter, die die ganzen Jahre nichts von sich hören ließ, nahm wieder Kontakt auf, mit ihrer Familie, mit Oma, mit mir.
Sie war ja inzwischen von meinem leiblichen Vater Conny längst geschieden.
Inzwischen hat sie Charlie, den Artisten geheiratet.
Unglaublich, Anne und Charlie hatten auch schon vier eigene Kinder, Bärbelchen kannte ich bereits.
Als ich meine Mutter Anne sah, trug sie einen Pelzmantel,

tolle Schuhe, ein wunderschönes Kostüm und viel goldenen Schmuck.

Sie war wunderschön, hatte die schwarzen Haare zu einer Hochfrisur hochgesteckt. Ihre großen braunen Augen waren mit Kajalstift und Wimperntusche betont, ihre Nase war schön geformt, nicht so dick, der Mund auch schön geschwungen mit dezentem Lippenstift geschminkt.

Die Ohren waren mit auffälligen Ohrringen geschmückt, sie war schlank, nicht zu groß.

Sie war für mich so eine schöne Mutter.

Irgendwie wollte ich auch so schön sein, wie sie.

Charlie, ihr neuer Mann, den ich auch schon kannte, sah ebenfalls sehr gut aus. Er hatte eine schlanke muskulöse Figur, rotblonde Haare und stahlblaue Augen, seine Nase war sehr schmal, er hatte einen schmalen energischen Mund.

Alles war so aufregend.

Plötzlich wieder: So eine schöne Mutter.

Ein neuer Vater?

Dann die hübschen neuen Kinder, ja Geschwister, die ich nie hatte. Ich betrachtete die Kinder, Bärbelchen strahlte mich an.

Wie die Orgelpfeifen standen sie aufgereiht und betrachteten mich, ein kleiner Junge war auch dabei.

„Das ist Fernando", sagte meine Mutter Anne „hier ist Katarina, das ist Judith", sie zeigte auf das Kleinkind, das Charlie auf dem Arm trug, „und Bärbel kennst Du ja."

Ich nickte.
Ich starrte die Kinder an, war ziemlich platt.
Ich verglich.
Hier meine Oma, die meine „Mama" ist.
Hier alles so geplant, normal, Alltag, Armut?
Dort eine junge schöne Familie, die so freundlich zu mir ist?
Ich war so durcheinander, alles ging drunter und drüber in meinem Kopf.
Wir setzten uns alle an den großen Esstisch in der Küche.
„Isabella, wie geht es in der Schule?" fragte meine Mutter.
„So la la", murmelte ich. (Ich überlegte heimlich: Ich war eine Träumerin mit unteren Durchschnittsnoten.)
Nur in Deutsch, Vorträge halten, Geschichten schreiben, vorlesen, da war ich gut, hatte gute Noten.
Selbst im Sport war ich immer die Allerletzte, Schwimmen hab ich auch nie gelernt, weil ich im Wasser panische Angst bekam.
„Isabella, was willst Du mal lernen arbeiten?" hakte meine Mutter Anne unerbittlich nach.
Ich zuckte mit den Schultern, wirklich, es fiel mir aber auch gar nichts ein, was ich mal gerne arbeiten wollte. (Ich wusste, mein Verhalten war wirklich dumm, innerlich war ich verzweifelt.) Ich konnte keine Antwort geben.
Als die neue Familie wieder wegfuhr und ich mit Oma wieder allein war, war ich völlig verwirrt. Meine Welt, in der ich lebte, kam mir plötzlich so klein und armselig vor.

Wenn man da die Gespräche anhörte, wie meine Mutter Anne so herumkam, mit Wohnwagen, Tieren, die Auftritte, dem Publikum.
Ich betrachtete das rote Kleid, das mir meine Mutter mitgebracht hatte. Ich zog es an, erkannte mich darin kaum wieder. Als ich dann noch die alten Schuhe dazu anzog, die ich hatte, spürte ich ganz deutlich, dass da etwas nicht passte!

Kapitel 14

Chaos in meinem Kopf.

Die nächste Zeit war Chaos in meinem Kopf.
Ich wusste nicht mehr, wer ich war, wo ich hingehörte.
Bereut habe ich im Rückblick, dass ich meiner Oma Kummer bereitete, indem ich sie mit Fragen bombardierte und mich manchmal sehr undankbar ihr gegenüber verhielt.
Noch heute sehe ich sie vor mir, von Gestalt klein und zierlich. Sie hatte trotz Ihrer fast 70 Jahre kaum Falten im Gesicht. Ihre Augen waren braun, warm und gütig. Ihre Gesichtszüge mit der zierlichen Nase waren fast ebenmäßig. Das lange weiße dichte Haar hatte sie meist geflochten und in einer großen Schneckenform am Hinterkopf festgesteckt, manchmal durch ein Haarnetz gebändigt.

Ihre Hände waren klein und zart, doch von Arthrose an den Fingern gezeichnet. Sie kleidete sich schlicht, trug oft eine Schürze, die sie beim Essen auszog. In ihrem Kleiderschrank habe ich einmal zwei wunderschöne Pelzmäntel mit passenden Pelzhüten und einem Pelzmuff zum Wärmen der Hände entdeckt. Doch diese Sachen hat sie nie getragen.
Auf meine Frage hin, warum sie das nicht anzieht, antwortete sie:„Ich fühle mich darin nicht wohl, Isabella."
Ich liebte sie.
Der Alltag hatte uns wieder.
Oma fuhr einmal im Monat umständlich mit Bus und Bahn zum Homöopathen.
Meine neue Familie meldete sich ab und zu einmal mit einer Ansichtskarte.
Als ich fast 13 Jahre alt war, erhielt ich eine Einladung in den Schulsommerferien, meine neue Familie in der Schweiz besuchen zu dürfen. Oma fand das gut. Ich wurde fast ohnmächtig vor Begeisterung, war völlig überdreht.

Kapitel 15

Erste Zugfahrt

Es wurde von meinem Wohnort aus bis in die Schweiz, eine Zugfahrt organisiert.
Oma brachte mich an den Bahnhof, erklärte mir alles.
Mit einem Zettel für das Zugpersonal bewaffnet stieg ich ein.
Alles war absolut aufregend, die Zugfahrt, das Umsteigen in Begleitung durch einen Zugmitarbeiter.
Ich sah wechselnde Landschaften, die vorbeiflogen, verschiedene Bahnhöfe.
Ein und Aussteigen der Fahrgäste, das Stimmengewirr der Mitreisenden, das Rattern des Zuges, der sich den Weg auf den Gleisen bahnte.
Mein Herz klopfte, es machte Riesensprünge. Ich stand von meinem Sitzplatz auf betrat den Gang des Zuges.
Ich breitete die Arme aus, fühlte mich so frei.
Schaute aus dem Fenster, träumte.
Wie wird es wohl sein?
Mit meiner neuen Familie, den Wohnwagen?
Oh Gott - die tollen Tiere - der Zirkus? Die Musik - das Leben?
Hab ich es wirklich verdient, dieses Abenteuer erleben zu dürfen?

Ich hatte inzwischen den Waschraum des Zuges aufgesucht. Dort schaute ich in den Toilettenspiegel des Abteils, sah meine roten Backen, die glänzenden dunklen Augen, spitzte die Lippen zu einen Kuss.

Ja, ja, Isabella, das hast Du verdient, entschied ich für mich.

Ich wusch meine Hände und ging beschwingt zurück in mein Abteil.

Ich hatte das Signal und Durchsage für meine Ankunft gehört.

Ich packte meine Taschen.

„Auf ins Leben, Isabella", sagte ich zu mir und bewegte mich Richtung Ausgangstür des Zuges, der inzwischen langsam bremste, ausrollte, hielt.

Ich stieg aus.

Kapitel 16

Ankunft - Schweiz - Basel.

Ich stand in der Bahnhofshalle, die Menschen eilten an mir vorbei. Ich drehte mich nach allen Seiten um. Ich sah Szenen der Wiedersehensfreude oder trauriges Abschied Nehmen, mit winken, rufen, lachen und weinen. Langsam kroch die Angst in mir hoch, war ich falsch ausgestiegen?
Aber es hieß doch Basel?
Das weiß ich ganz genau!
Verloren fühlte ich mich plötzlich.
Es war niemand da, der mich abholte. Die Freude des Reisens war in mir wie weggewischt und ich fühlte Panik aufsteigen. Vielleicht haben sie mich vergessen.
Den Tag verwechselt?
Keiner kommt mich abholen. Ich kämpfte mit den Tränen, und setzte mich auf meine Reisetasche, atmete ein paarmal tief durch, versuchte mich zu beruhigen.
Ich bleib einfach mal hier sitzen und warte,
befahl ich mir innerlich!
Ich wartete.
Ich weiß nicht, wie lange, es kam mir ewig vor.
„Isabella, - Isabella!" Ich schaute auf, da kamen sie angehastet.

Meine Mutter und ihr Mann Charlie.

„Wir hatten Stau." Alles ging drunter und drüber, die Stimme meiner Mutter klang überhastet.

„Es tut mir so leid, meine Große", stotterte sie, umarmte mich.

Ich stand ganz steif, den Schreck noch in den Knochen, dass niemand da war.

„Hallo, Isabella", begrüßte mich auch Charlie, gab mir die Hand, als Anne mich losließ.

„Na ja, du hast es ja überlebt", grinste er salopp.

„Jetzt aber los", sagte er und schnappte sich mein Gepäck.

Ich war jetzt erleichtert, dachte mir, schlimmer kann es nicht mehr kommen. Wir verließen den Bahnhof, stiegen in das Auto von Charlie, das in der Nähe geparkt war.

Meine Mutter sprach während der Fahrt ununterbrochen, wie toll jetzt alles wird und wie sich meine neuen Geschwister auf die „große Schwester" freuen und ich sicher ganz wunderschöne Ferien verleben werde.

„Ja bestimmt", sagte ich, dem Redefluss meiner Mutter ausgeliefert.

Charlie fuhr sicher den Wagen. Es ging eine enge Straße entlang.

Niemals zuvor hatte ich so hohe Berge gesehen, teilweise noch mit Schnee bedeckt.

So eine herrliche Landschaft mit saftigen bunten Wiesen. Kühe grasten gemütlich. Ein so friedliches Bild. Auch die Häuser sahen ganz anders aus als bei mir zuhause.
Die Häuser waren im unteren Teil mit Natursteinen und oben mit Holz gebaut.

Wunderschöne Holzbalkone mit großem Blumenkästen gab es zu bewundern. In den Blumenkästen waren die schönsten Blumen eingepflanzt, die ich jemals zuvor gesehen hatte. Es sah alles ganz anders aus als in meiner Heimat, in der Stadt, wo ich wohnte.
Jetzt passierten wir eine Kleinstadt, ich sah die kleinen Läden und die schönen Häuser, die sogar auf ihren Fassaden Malereien hatten, teilweise kunstvolle Gemälde. So etwas hatte ich noch nie gesehen. Wir bogen in eine Straße ein, kamen an einen großen Platz.
Ich sah ein großes buntes Zirkuszelt, viele Wohnwagen, die sich rund im Kreis um das Zelt schmiegten.
Eingezäunt von einem großen bunten schönen Zaun sah das alles wie ihm Bilderbuch, wie im Märchen aus.
Mein Herz hüpfte vor Freude, spürte die Hitze, die in meinen Kopf stieg, ich bekam knallrote heiße Backen.
Ja, die fühlte ich und ich schwitzte.

Kapitel 17

Ankunft beim Zirkus.

Charlie fuhr den Wagen bis an den Eingang des bunten Zaunes, dann hielt er an.
„Aussteigen", sagte er und drehte sich nach mir um. Er lachte.
„Und, freust du dich?" fragte er.
Ich nickte, innerlich verunsichert, was auf mich zukam.
Wir stiegen alle aus.
Charlie kümmerte sich um die Taschen. Mama, griff nach mir und zog mich aus dem Auto, ging mit mir durch das kleine Tor der Holzzaunanlage. Wir liefen an den bunten Holzwagen entlang. Um uns und in dem Zelt wimmelte es vor Leben. Erwachsene und Kinder liefen hin und her. Jeder hatte etwas zu tun. Ein Hund, der an einem der Wagen angeleint war, bellte aufgeregt. Tiere waren fest angebunden, vor sich Heu und noch etwas Undefinierbares. Ich sah ein Kamel, das uns verwundert nachblickte. Stolpernd bewegte ich mich mit meiner Mutter vorwärts, weil ich nur durch die Gegend schaute, nicht auf meine Schritte achtete.
Es gab ja so viel zu sehen.
„Komm jetzt", sagte Anne meine Mutter: „Du wirst noch alles kennenlernen, wir müssen uns beeilen und essen,

weil wir heute Abend noch einen Auftritt haben und es gibt noch so viel zu tun!"

„Ja", sagte ich und bemühte mich voranzukommen, ohne mich ablenken zu lassen.

Als wir etliche Holzwagen mit den schönen runden Oberlichtdächer passiert hatten, kamen wir an einem Campingwagen an.

So einen riesigen Camping hatte ich auch noch nie gesehen.

„Wow, ist der groß", staunte ich.

„Ja, das ist unser Zuhause, Isabella."

„Fast acht Meter Wohnfläche hat der Wagen", sagte meine Mutter stolz.

„Und schau mal die Gardinen, alles Sonderanfertigung", erklärte sie mir.

„Wie schön", hauchte ich.

Dann sah ich sie.

Alle standen sie, irgendwie in der engen Eingangstür des Caravans, aneinander, hintereinander gepresst.

Meine Geschwister.

Bärbelchen, sie hatte inzwischen schwarze lange Zöpfe, die mit großen gelben Seidenschleifen gebändigt wurden. Ihre grünbraunen Augen leuchteten, sie hatte knallrote Bäckchen und ein Dirndel an.

Sie lächelte mich an.

"Bärbel kennst du doch noch?" fragte meine Mutter.

Ich nickte.

„Da ist noch Katharina, Isabella".
„Ja, hallo" begrüßte ich das Mädchen.
Katharina sah fast aus wie Bärbelchen, nur mit anderem Teint. Sie hatte wunderschöne blonde Zöpfe und die strahlendsten blauen Augen, die ich je sah. Beide Mädchen waren von zierlicher Gestalt mit bildschönen Porzellangesichtchen ohne die allerkleinste Hautunreinheit.
Wie Schneeweißchen und Rosenrot, dachte ich bei mir.
Auch Katrinchen hatte ein Dirndel an, ihr Blick war verhalten neugierig.
„Und hier haben wir Fernando, unseren Jungen", sagte Mama.
Hinter den zwei Mädchen stand ein Junge mit großen braunen Augen und einem dunklen, nicht zu dichten Lockenkopf. Er hatte eine helle Haut und seine Augenbrauen waren breiter gewachsen als bei den Mädchen, fiel mir auf. Seine Augen und Augenbrauen erinnerten mich an meine. Er sieht mir irgendwie ähnlich, dachte ich.
Der Junge starrte mich verlegen an mit einem kleinen Lächeln.
„Hallo, Fernando", sagte ich, er zog den Kopf ein.
„Es gibt noch Judith, unsere Kleinste, doch die schläft noch", sagte meine Mama.
„So macht Platz, dass wir rein können", befahl meine Mutter.
Die Kinder gaben den Eingang frei, gingen ins Innere des Campings.
Anne und ich betraten den Wagen.

„Setzt euch alle an den Tisch, es gibt Essen, Spaghetti" lachte Anne.

Die Kinder jubelten, weil sie Spaghetti gerne aßen. Der Tisch befand sich in der Mitte des Caravans. Wir alle setzten uns rundherum.

Mama schöpfte die Nudeln und Sauce, die sie schon vorbereitet hatte, in unsere Teller.

„Guten Appetit!" wünschte Mama und alle fingen an zu essen.

Charlie kam auch, stellte mein Gepäck an die Seite des Eingangs.

Charlie und Mama aßen an dem großen Wohnzimmertisch, der sich im Bug des Campings befand. Um den Tisch außen war eine halbrunde Couchecke,

die sich, wie ich später bemerkte, ausziehbar war. Sie ließ sich in ein großes Bett umwandeln, wenn man den Esstisch in der Mitte heruntergekurbelt hatte als Stütze. Die Sofapolster steckte man zusammen als Matratze. Darunter hatte man sogar noch einen Bettkasten zur Verfügung. Das war Stauraum für Deckbett Kissen, Wäsche usw.

An den vielen Fenstern des Wohnwagens befanden sich handgenähte Gardinchen.

Die Vorhängelchen waren mit Seidenbändern zurück gebunden und hatten Rüschen.

Die Übergardinen, Sofakissen und Tischdecken waren

geschmackvoll aus passendem Stoff, sehr romantisch. In der Mitte des Caravans gegenüber dem Küchenesstisch befand sich eine Wohnküche, klein aber fein: Kühlschrank, Kochherd, Abzugshaube, Spüle, Ober- und Unterschränkchen, alles war da, praktisch, funktionell.
Im Heck des Fahrzeugs gab es eine Schiebetür, dahinter war das Kinderzimmer, winzig.
Links zwei Etagenbetten, rechts zwei Etagenbetten.
In der Mitte der Betten an der Wand war ein
schmaler hochkantiger Kleiderschrank installiert. Gegenüber der Eingangstür war noch eine
schmale Tür ersichtlich, dahinter verbarg sich ein Waschraum, der mit einem kleinen Waschbecken und einem Chemieklo eingerichtet war. Über den Waschbecken hing noch ein Toilettenschränkchen, und es gab ein kleines Fenster, das man durch Ausstellen öffnen konnte. Eine Gasheizung sorgte in der kalten Jahreszeit für Wärme.
Der Wagen war geschmackvoll eingerichtet, sehr sauber und gepflegt.
Als wir alle mit Essen fertig waren, räumte meine Mutter die Teller in die Spüle und zeigte mir das Kinderzimmer.
„Aber Mama, es gibt doch nur vier Betten, aber wir sind fünf Kinder?" Ich sah sie an.
„Stell dich nicht so an, Isabella. Du kannst bei Bärbelchen schlafen, die ist doch noch klein, oder?"

Ich schaute auf das Mädchen, das hinter mir stand.
„Ja, schlaf bei mir, du bist doch meine große Schwester", sagte sie stolz und nahm meine Hand.
Ich sah in ihre Augen und liebte sie.
„Ja, so machen wirs", willigte ich ein.
Zufrieden nickte meine Mutter und öffnete den Kleiderschrank, wo ein Fach leer war und zu meiner Verfügung stand. Bärbelchen half mir eifrig beim Einräumen.
„Wenn ihr fertig seid, dürft ihr Isabella den Zirkus zeigen, eine Stunde, dann geht es ab ins Bett, ihr wisst Bescheid", ermahnte Mama.
Die Kinder nickten.
Als wir mit dem Einräumen fertig waren, verließen wir alle den Camping.
Meine neuen Geschwister waren sehr aufgeregt, stolz, plapperten durcheinander.
Bärbelchen nahm meine Hand: „Komm, ich zeige dir alles."
Ich ging mit, die anderen Kinder liefen schnatternd hinterher.

Ich sah das emsige Treiben der Artisten, die spielenden Kinder, verschiedenste Tiere, die sich teilweise in Wagen, in Boxen, auch angeleint, in dem aufgebauten Stallzelt befanden.
„Ben", ein Zebu-Bulle, hatte es mir angetan. Er schaute aus wie halb Rind, halb Kuh.
Die Kinder kletterten auf ihm herum, rutschten auf der Seite wieder an ihm herunter.

Stoisch kaute er dabei sein Futter, das vor ihm lag, und machte keinen Rührer.
Ein Lama beäugte uns, ich wollte näher hin.
„Das spuckt, das spuckt!" rief Bärbelchen aufgeregt, „nicht anfassen!"
Erschrocken wich ich zurück. Die Elefanten waren auch mit Vorsicht zu genießen, lernte ich, nachdem mir eine Elefantenkuh mit ihrem langen beweglichen Rüssel meine Halskette abgerissen hatte.
Die Affentruppe mit dem markanten roten Hinterteilen waren sehr lustig zu beobachten.
Da war was los! Ich war fasziniert, hielt respektvoll Abstand, wie Bärbelchen mir riet.
Ich lief mit meinen redseligen Geschwistern um die Wagen. Als wir Mama rufen hörten, wussten wir: Nachhause war angesagt. Wir liefen alle zu dem Caravan.
Dort angekommen war die Order waschen, Abendbrot, danach ins Bett!
Nacheinander betraten wir den Waschraum. Nach dem Essen gingen wir schlafen.
Nach einer Weile des Erzählens und Rumgekasperes schliefen wir alle ein.
Bärbelchen hatte sich an mich geschmiegt und sah zufrieden aus.
Ich schloss die Augen und dachte an meine Oma. „Gute Nacht, Mama", dachte ich, „ich habe bestimmt

Superferien, ich könnte dir jetzt schon so viel erzählen."
Dann schlief auch ich ein.

Die nächsten Tage verliefen alle sehr aufregend. Es gab so viel Leben und Aktivitäten.
Mama bekam jeden Tag Besuch von den mitfahrenden engagierten Artisten. Sie kochte ständig Kaffee, hielt immer Kuchen bereit, den sie in der Bäckerei besorgte.
Sie war aber auch bei den Artisten in deren Wohnwagen eingeladen und wurde genauso verköstigt. Es wurde getratscht, gelacht, gefeiert.
Jeden Tag woanders.
Jeder der Artisten ging seiner Arbeit nach. Trotzdem hatte ich den Eindruck, einer wunderbaren toleranten Gemeinschaft zu begegnen. Man half sich bedingungslos.
In der Mittagsfreizeit saß man oftmals zusammen, es wurde erzählt, von Erlebtem von früheren Zeiten, oder einfach ungeplant musiziert. Ich empfand es, als wäre ein Märchen Wirklichkeit geworden.
Wir Kinder tobten zusammen, wir verstanden uns prima.
Zu Bärbelchen war mein Verhältnis ganz besonders innig.
Judith war noch so klein und viel bei Mama.
Eines Abends durften wir Kinder auf Nachfragen und betteln länger aufbleiben, um uns die Abendvorstellung

im Zirkus anzusehen.

Wir saßen alle außer Judith, die schon schlief, in der Loge und verhielten uns ruhig.

Als ich das erste Mal den Auftritt von Mama und Charlie sah, war ich sehr beeindruckt.

Mama stand am Messerbrett in einem schimmernden glitzernden schwarzen Kostüm.

Auf dem Kopf hatte sie einen Cowboyhut.

Sie trug schwarze Netzstrümpfe und Cowboystiefel.

Charlie war mit einem schwarzen Lederanzug mit Fransen, Cowboystiefeln und auch einem passenden Cowboyhut bekleidet. Er warf mit großen Messern auf Mama, die am Brett stand.

Die Messer blieben eng an den Körper meiner Mutter im Holzbrett stecken. Danach wurden die Messer mit Öl getränkten Lappen umwickelt, und angezündet.

Präzise blieben die Messer wieder im Holzbrett stecken, ohne meine Mutter zu verletzen.

Mir war gar nicht wohl dabei. Es gab viel Applaus und Mama lächelte. Sie sah so toll aus. Danach machte Charlie noch Zirkusmusik, er spielte Akkordeon. Er war sehr beliebt.

Meine zwei ältesten Geschwister, die in der Mittagsvorstellung auftraten, beherrschten schon das Kunstreiten auf einen Apfelschimmel, der Piccolo hieß und Charlie gehörte. Sie hatten beide einen kleinen hellblauen Badeanzug an. Mama hatte darauf kleine Pailletten

genäht, die in der Manegenbeleuchtung glitzerten.
„Wie gefallen dir unsere Kostüme?" haben mich die beiden voller Stolz gefragt.
„Sie sind wunderschön", antwortete ich ehrlich.
Ihre kleinen Füßchen steckten in weißen Ballerinaschuhen, die ganz elastisch waren.
Die beiden ritten hintereinander auf dem Schimmel, schwangen sich auf dem Pferd an die Seite und standen beide gerade oder freihängend auf dem Pferd, das galoppierend seine Runden drehte.
Als Bärbelchen danach noch einen Handstand auf den Tier machte, war der Applaus aus dem Publikum stürmisch und begeistert.
Die Kinderaugen im Publikum glänzten. Ich spürte fast körperlich die Empfindungen von großen und kleinen Menschen, die völlig natürlich begeistert waren. Die beiden Artistenkinder genossen die Stimmung, lachten und sprangen am Ende ihrer Darbietung federnd und sicher von den Schimmel ab. Sie machten artig einen Knicks, ein Kompliment, wie es beim Zirkus hieß, und verabschiedeten sich, rückwärts laufend und sich verbeugend, von ihrem Publikum. Danach verschwanden sie hinter dem heruntergelassenen Vorhang, der im hinteren Teil des Zeltes angebracht war und der den Eingang von Artisten und Tieren darstellte.
Ich saß ganz vorne in der Loge. Ich bewunderte das

große bunt gestreifte Zelt, das in der Mitte von einem großen dicken Stahlmast getragen wurde, mit Seilen gespannt. Im hinteren Teil des Zeltes war eine erhöhte Balustrade aufgebaut. Dort saßen die Musiker mit ihren Instrumenten. Akkordeon, Trompete, Trommel, eine Art Klavier erkannte ich.

Die Musiker spielten live, zu jeder Darbietung der Artisten ein eigenes Stück, eine eigene Melodie, und untermalten die Darstellungen damit perfekt.

Gaben eine spezielle Stimmung, die man fühlte.

In der Mitte des Zeltes war eine runde Manege aufgebaut.

Sie war aus Holz, abwechselnd in Blau und rot gestrichen, sie trennten die ersten Sitzbänke der Loge ab.

In der Manege traten die Artisten und die Tiere auf. Man saß in der Loge in der ersten Reihe. Weiter hinten waren dann noch die in Rundform angelegten treppenförmigen weiteren Sitzgelegenheiten, auf dem die Leute dann in der zweiten Klasse sitzen konnten.

Diese Plätze waren nicht so teuer wie die Logenplätze.

In der ersten Reihe zu sitzen war für mich das Größte überhaupt. Ich sah hier all das Geschehen, hautnah.

Ich sah das geschminkte Gesicht des Clowns ganz genau, bekam sogar ein paar Tropfen Wasser ins Gesicht, das er voller Übermut verspritzte.

Die edlen Pferde, die gut dressiert ihre Runden liefen, sah

ich deutlich, roch ihren Schweiß und das frische Sägemehl, das von ihren galoppierenden Hufen aufgewirbelt wurde.
Die Beleuchtung in dem Zelt, die sich ständig nach Bedarf in hell und dunkel, von unten und oben änderte, versetzte mich in eine Traumwelt, aus der ich nicht mehr aufwachen wollte.
Die Menschen lachten und klatschten, waren begeistert. Bei schwierigen akrobatischen Vorstellungen standen die Leute auf, lebten mit.
Die Kinder hielten sich die Hände vor die Augen oder auf den Mund, um ihre Gefühle zu bändigen, zu unterdrücken.
Ich registrierte alles. Ein lebendiges Gefühl der Freiheit und des Glücks durchströmte mich.

Ich wusste, dass ich etwas ganz Besonderes erlebte, das mir absolut gefiel.
Am Ende der Vorstellung ging ich zurück in den Campingwagen.
Ich war sehr mit mir selbst beschäftigt und ziemlich schweigsam, was natürlich sofort auffiel, weil ich von Natur aus ein sehr lebendiger Mensch bin.

Nicht Sesshaft

Ich bin so frei.
Meine Haare trage ich lang,
natürlich,
sie fliegen frei
im Wind.
Wir wollen so bleiben
wie wir sind.
Ich bin ein „reisendes Kind"

Ich spüre und genieße die Natur
hautnah.
Der Regen, die Stürme,
die Sonne, der Schnee,
der laue Wind.

Ich bin ein „Freies Kind."

Wir wollen niemals,
in eine Wohnung,
ziehen.
Haben Angst,
vor Wänden ohne Räder,

die nicht beweglich sind.

Uns fehlt,
der flüsternde Wind,
der uns sein Schlaflied singt.

Wir können nicht leben
ohne ihn,
wenn er verstummt
oder fehlt,
werden wir
mit der Zeit,
zu Tode
gequält.

Wir haben Angst,
vor einem Alltag,
der unsere Sinne,
lähmt.
Ich bin ein reisendes Kind.

Wir brauchen unsere Freiheit,
zum Leben.

Was kann es auf der Welt
Schöneres geben?

Sperrt uns nicht ein.
Wir fühlen uns
in den Räumen
dort,

hilflos

kalt,

völlig allein.

Gefangen.

Wie ein Vogel im Käfig,
der nicht mehr seine
Flügel schwingt.

Ich brauche den Wind.

Ich bin ein freies Kind

19.12.2011

Kapitel 18

Artistenleben – weiterreisen

Die Artisten, kamen aus verschiedenen Ländern, sahen in Hautfarbe und Figur auch ganz verschieden aus. Sie verstanden sich alle sehr gut, wie ich empfand.
Wenn Sprachschwierigkeiten auftraten, wurde das mit Körpersprache geregelt. Das klappte sehr gut.
Vormittags wurden oft die abends aufgeführten Stücke geprobt.
Meine Geschwister und ich hatten viel Spaß dabei, uns hinter dem großen Eingangsvorhang zu verstecken.
Wir beobachteten dann das Geschehen der Artisten durch den Schlitz des zugezogenen Stoffeingangs und machten Grimassen dazu.
„Heute geht es früh schlafen", eröffnete uns, Mama nach dem Abendessen.
„Wir fahren morgen früh auf den nächsten Platz, dort wird der ganze Zirkus wieder aufgebaut, damit wir vor neuem Publikum auftreten und somit unser Geld verdienen können", erklärte mir Mama.
Wir alle gingen zeitig ins Bett.
Die ganze Nacht konnte ich nicht schlafen!
Was war das für ein Lärm. Die Arbeiter und die Artisten bauten das Zirkuszelt ab.

Das war wirklich eine Wahnsinnsarbeit.
Das große Zelt war mit Stahlseilen an vielen Eisenankern, die rings um das Zelt in die Erde eingeschlagen waren, befestigt und gesichert.
Jetzt musste jeder einzelne Eisenanker mit einem großen Vorschlaghammer gelockert werden. Danach wurden nacheinander die Stahlseile gelöst
und die Eisenanker dann, aus dem Boden gezogen. Der große Mast, der das Zelt stabil hielt, musste vorsichtig und kontrolliert mit Hilfe einer Zugmaschine langsam, geplant zu Boden gehen.
Das große Zelt wurde sauber und ordentlich zusammengelegt und verpackt.
Nun hieß es, die Manege auseinanderbauen, alle Sitzbänke und Requisiten, die nummeriert waren, auseinander schrauben und geordnet verladen.

Alle Tiere mussten in die Wagen zum Transport.
Manche Tiere hatten dazu gar keine Lust.
Man hörte ein Blöken, Schnauben, Trompeten, Trommeln, Bellen und Wiehern.
Man vernahm das beruhigende, geduldige Zureden der Arbeiter und Besitzer der Tiere, um sie zum Einsteigen zu bewegen.

Jetzt hörte ich noch schlagartig ein starkes Trommeln

auf unserem Campingdach.
Es fing an zu regnen wie aus Eimern.
Ich hörte das Fluchen der Männer, die draußen beim Abbau bis zu den Knöcheln im Matsch versanken.
„Wenn wir Pech haben, müssen wir morgen früh mit Traktoren unsere Fahrzeuge aus dem aufgeweichten Boden ziehen, heute Nacht bleibt uns auch gar nichts erspart!" schimpfte eine Männerstimme.

Eine Truppe Artisten war jetzt noch mitten in der Nacht unterwegs, um die Reklameschilder, die an Strommasten, Brückengeländern usw. hingen, wieder abzuhängen, einzusammeln.
Sie hatten sie, vor der Ankunft des Zirkus, dort ausgehängt, um die Spieltermine, ihre Auftritte der Bevölkerung mitzuteilen.
Es hörte nicht auf zu regnen. Die Arbeiten gingen die ganze Nacht hindurch.
Irgendwann gegen Morgen schlief ich ein.

Kapitel 19

Frühmorgens: Hektik im Campingwagen.

„Aufstehen", sagte Mama, „waschen, hopp, hopp, wir fahren auf den anderen Platz."
Mürrisch und noch schlaftrunken wälzten wir uns aus unseren Stockbetten.
Schlange stehen vor dem Toilettenraum, jeder musste Pipi.
Mama hatte den Frühstückstisch vorbereitet.
„Heute geht`s knapp", sagte sie und holte Judith aus ihrem Bettchen, das neben der Couchecke stand. Ich schaute mich verwundert um, irgendwie sah alles anders aus im Campingwagen.
„Ja, Isabella", sagte meine Mutter, „ es muss am Abfahrtstag auch im Wohnwagen fast alles verpackt werden, damit nichts umfällt oder zerschlagen wird. Schau mal!"
Ich stand von der Kücheneckbank auf und ging mit ihr nach vorne. Mama hatte die oberen Schrankkästen der Küche aufgemacht, und ich sah,
dass alle Tassen, Gläser mit sauberen Geschirrtüchern umwickelt waren. Zusätzlich wurden noch die kleinen Zierpolsterkissen dazu gesteckt, um das Zerschlagen des Porzellans zu verhindern.
„So sieht das hier in vielen Schränken aus", schmunzelte Anne.

„Puh, was Arbeit", stöhnte ich auf, als ich die präparierten Schränke sah.

„Ja, so ist das, wenn man reist. Den Fernseher müssen wir auch noch auf den Boden stellen, wenn der runter fällt von der Kommode, haben wir den Salat."

Ich nickte. Alle Kinder kamen nacheinander an den Mittelesstisch und frühstückten.

Charlie kam von draußen und gab uns noch zehn Minuten. Wir beeilten uns und gingen dann alle nach draußen.

„Alle sofort in den Lastwagen einsteigen!" befahl Charlie. „Es ist hier alles voller Matsch durch den Regen, beim Transportfahren läuft bei uns allen kein Kind draußen herum", erklärte er mir.

„Es gab schon tödliche Unfälle mit Kindern, weil sie zwischen die Transporte gerieten, die gerade angehängt wurden. Man kann leicht ein Kind übersehen, wenn die großen Fahrzeuge rückwärts fahren."

Das leuchtete mir ein.

Es war ein größerer Lastwagen, den wir alle hintereinander bestiegen. Hinter dem Lenkrad im vorderen Teil gab es eine durchgehende Sitzbank. Wir alle rutschten eng zusammen.

Mama stand noch draußen mit Judith auf den Arm.

Charlie schaute in den großen Seitenspiegel des Lasters und fuhr langsam zurück, auf unseren großen Caravan zu, um ihn anzuhängen.

Mama wies Charlie ein.

„Langsam - mehr rechts, ja, stop, stop", rief sie laut.

Ein kleiner Ruck, Charlie stieg aus, hängte den Caravan an die Kupplung des Lastwagens, stieg in den Laster zurück.

Mama war auch mit Judith noch eingestiegen, und quetschte sich zusätzlich auf die Bank.

Ich nahm Bärbel auf den Schoß, so war es gemütlicher, und los ging die Fahrt.

Der große Caravan ächzte und knarrte, als der Lastwagen ihn langsam vom Festplatz zog.

Ich schaute aus dem Fenster während der Fahrt, die Leute sahen uns nach, als wir aus dem Städtchen fuhren.

„Ist es weit? Wo fahren wir denn hin?" Meine neuen Geschwister fragten, redeten durcheinander.

Jetzt passierten wir die Landstraße mit unserem Riesengeschoss.

Ich bewunderte wieder die bezaubernde Gebirgslandschaft, die herrliche Natur, und fühlte mich gut. Nach etwa einer Stunde Fahrt kamen wir auf dem neuen Platz an. Irgendwie glich das Städtchen dem, von dem wir gerade herkamen. Nur hier war der Festplatz mehr zentral gelegen. Die Geschäfte waren ganz in der Nähe.

„Wie praktisch!" rief, erfreut meine Mutter. „Da kann ich einkaufen, ganz in der Nähe!"

Ich bemerkte einen Lebensmittelladen, wir alle waren auch sichtlich erfreut, wir hatten eine Eisdiele entdeckt,

und die wurde auch prompt von allen Kindern registriert.
Aufgeregt rutschten sie auf der Sitzbank hin und her.
Als der Laster den Festplatz befuhr und ausgerollt war, sagte Charlie, dass wir alle nicht aussteigen dürfen, bis der Wohnwagen abgehängt und an der vorgesehenen Stelle stand.
Aus Sicherheitsgründen.
Wir fügten uns unserem Schicksal.
Mama stieg mit Judith aus, um beim Aufstellen des Wohnwagens zu helfen.
Danach durften wir alle in den Wohnwagen.
Jetzt erlebte ich die Prozedur des Aufräumens.
Alle Schränke wurden wieder hergerichtet, die Kissen, das Einpackmaterial entfernt.
Alles wurde sauber, ordentlich auf dem Platz gestellt, vorher nochmals abgestaubt, der Fernseher auf die Kommode platziert, angeschlossen.
Puh, dachte ich bei mir, so ein Reiseleben, habe ich mir wirklich weniger stressig vorgestellt. Die viele Arbeit kennt und sieht wirklich kein Mensch.
Mama räumte routiniert auf.
Danach gab sie Judith ihren Brei, machte sie trocken.
Wir alle halfen mit, so gut es ging.
Das erneute Aufstellen des Zirkuszelts erlebte ich hautnah mit. Es war gigantisch!
Lautes Rufen. Scharfe Pfiffe. Das Protestieren der Tiere, bis die Wagen wieder alle richtig standen. Bis das Stallzelt

stand, alle Tiere wieder ausgeladen und gefüttert waren. Das große Zelt wurde ausgeladen, hochgezogen, verankert, der schöne bunte Holzzaun aufgestellt. Die Reklame wurde zum Teil noch ausgefahren, und aufgehängt. Alles wie gehabt, beim Abbau.

Jetzt bemerkte ich noch Leute von der Stadtverwaltung. Sie schlossen uns den Strom an und das Wasser, kontrollierten die Zählerkasten für die spätere Abrechnung. Vom Bauamt waren auch Beamte da. Es wurde das Baubuch von dem Zirkuszelt überprüft, das Aufstellen des Zeltes kontrolliert, zur Sicherheit der Besucher.

Das alles kostet Geld, es musste auch eine Kaution hinterlegt werden, damit war die Gemeinde abgesichert. Es konnten damit eventuell auftretende Schäden oder ein unsauber hinterlassener Festplatz berechnet und Rechnungen beglichen werden.

„Wieso muss man Kaution hinterlegen?" fragte ich.

„Seriöse Unternehmen hinterlassen keinen Schmutz", erklärte mir Mama, „es gibt halt leider im privaten Bereich wie in unserem Umfeld solche und solche Leute. Ja, ja das ist so ein Kapitel.

Weißt du, Kind, es gibt in allen Sparten von Geschäften, auch bei ansässigen Unternehmen wie Bäckereien, Metzgereien Leute, die sich nicht fair benehmen oder unsauber arbeiten. Aber Leute, die im Zirkus arbeiten oder sonst wie in Wohnwagen unterwegs sind, haben

oft mit Vorurteilen zu kämpfen. Da gibt es doch den Spruch, den Du auch vielleicht kennst:
‚Leute, hängt die Wäsche ab, passt auf eure Kinder auf, dass sie nicht mitgenommen werden, der Zirkus kommt.`
Mama schmunzelte: „Glaub mir, unsere Kinder machen wir gern selbst! Und mir wurde schon Wäsche von der Leine gestohlen, in einem Städtchen, wo wir gastierten, und das waren ganz bestimmt nicht meine Artistenkollegen. Die Wäsche hatte ich mir in Frankreich gekauft und die gab es hier in dieser Gegend nicht zu kaufen", erinnerte sie sich etwas wehmütig. „Na ja, weg ist weg!"
Ich verstand.
Ein Gewirr von Gesprächen, Probleme wurden von den Erwachsenen irgendwie gelöst. Jede einzelne Person wusste um seine Aufgabe und Tätigkeit, half aber auch mit, wenn bei jemand anders etwas nicht klappte.
Danach wurde noch der Veterinär bestellt. Er untersuchte, begutachtete alle Tiere, auch ihre Behausungen wurden kontrolliert.
„Ja", sagte Mama, "da hängt schon einiges dran, bevor man einen Zirkus betreiben kann!"
Eine große Gemeinschaft! Was für eine eigene Welt dieses Leben ist, wurde mir klar bewusst.
Die Arbeiten gingen den ganzen Morgen, bis spät in die Nacht.
Wir Kinder mussten wieder früh ins Bett.

Dieser Anreisetag war voller Abenteuer und heute für uns früh zu Ende.
Am nächsten Morgen lief alles wie gewöhnlich ab.
Zirkusalltag.
Mutter ging Lebensmittel einkaufen. Judith wurde im Kinderwagen mitgenommen.
Wir Kinder durften alle mit. Das Ziel vor Augen, nach dem Einkauf die Eisdiele zu stürmen, die wir tags zuvor bei unserer Ankunft entdeckt und nicht vergessen hatten.
Mama lud uns ein, und wir durften unsere Eisbestellung aufgeben, und für uns war an diesem Vormittag die Welt in Ordnung.
Die kommenden Tage verliefen wie im Flug, jeden Tag durfte ich ein neues Abenteuer erleben.

Reisendes Volk

Wo zogen sie hin?
Wer hat sie gesehn?
Wer kann sie verstehn?

Es kann sie
niemand halten.
Sie lassen sich nicht gerne
verwalten!

Völlig frei?
Nein, das können sie
heute
nicht mehr
sein!

Wir, müssen
einen Wohnsitz haben
um unsere Kultur
noch zu erleben
und zu
erfahren.

Immer schon,

haben wir uns frei bewegt,
künstlerisch,
fantasievoll,
unserem Publikum,
gedient.
Damit Geld,
für unsere Familien
verdient.

Wir besuchten fremde Länder,
erfuhren
von ihren Kulturen
und Gebräuchen.
Durften teilnehmen,
an ihren
Leben.

Lernten dadurch
selbst
Toleranz, Respekt,
Mitgefühl,
zu geben.

Fürsorge,

Zusammenhalt –
Familiensinn,
bestimmte unser Leben.
Ein anderes Leben,
wollten wir nie!
Was hätte es an Inhalt
besseres
gegeben?

Wir waren glücklich.
Dieses Leben
haben wir gewollt.

Wir wünschten alle,
dass unser „Zuhause"
der Wohnwagen
nach einer Weile,
wieder rollt.

Wieder weiter.
In ein Neues
Abenteuer.

11.1.2011

Kapitel 20

Gogo

Da war Gogo, der riesiggroße Mandrillaffe . Er hatte einen wirklich gewaltigen Kopf, die Nasenpartie war groß und ziemlich ausgeprägt. Auf dieser Nase befanden sich Längsstreifen, bunte rote und blaue wie dicke angeschwollene Adern. Die Augen, immer ein wenig rot unterlaufen und klein, standen eng beieinander. Er hatte in seinem Mund die riesigsten Eckzähne, die ich in meinem ganzen Leben je sah. Wenn man länger hinschaute, legte er den Kopf zurück, öffnete den großen Mund und gähnte so weit, dass man sein riesiges Gebiss sah.
Ich riss bei diesem Anblick meine Augen auf, war erstarrt.
„Ja!" lachte der Pfleger, als er meinen entsetzten Gesichtsausdruck bei diesem Anblick sah. „Gogo kann mit seinem Gebiss einen Leoparden töten. Wenn du ihn so anstarrst, fühlt er sich von dir herausgefordert in seiner Affensprache und droht dir mit seiner Stärke. Man starrt einem Affen nicht lange ins Gesicht."
„Aber ich will doch gar nicht mit ihm kämpfen", stotterte ich.
„Ich weiß", lachte der Arbeiter, „das war nur zur Information."
Bärbel kicherte.
Verhalten musterte ich das Tier fertig.

Gogo hatte kleine Ohren, ein braunes, seidiges, nicht so dickes Fell. Der Mandrill war sehr muskulös, er lief auf allen Vieren und wog bestimmt 30 kg.

Als er sich jetzt umdrehte, bemerkte ich, dass er keinen langen Schwanz hatte, sondern ein großes rot-blaues Hinterteil, mit dem er auch noch hin und her wackelte. Wieder riss ich die Augen auf.

Der Affe genoss sichtlich meine Bewunderung, er drehte sich wieder zu uns Kindern um, setzte sich breitbeinig hin, präsentierte uns noch sein buntes Geschlechtsteil, dass auch in blau-roten Farben betont war.

Als er jetzt noch gewichtig anfing, an seinem Geschlechtsteil herum zu spielen, machten wir Kinder uns kichernd und lachend aus dem Staub.

Wir Geschwister verstanden uns so gut, als wären wir zusammen aufgewachsen.

Meine kleinen Geschwister, vor allem Bärbel, bemühten sich ständig, mich in allem zu unterstützen. Sie erzählten den anderen Artistenkindern, dass sie jetzt eine große Schwester hätten, und waren stolz auf mich.

Ich fühlte mich wohl und ließ mich gerne von Ihnen verwöhnen, genoss ihre Fürsorge.

Die Regentage verbrachten wir im Wohnwagen, wo wir uns mit Malereien oder Spielen beschäftigten.

Einmal in der Woche wechselten wir unseren Standort, um in einem neuen Städtchen zu gastieren.

Die Zirkuskinder, die schulpflichtig waren, hatten einen eigenen Lehrer, der mitreiste und seinen eigenen Wohnwagen hatte.
Ich fand das absolut super.
Ich konnte leider keinen Unterricht mit erleben, da Schulferien waren und der Lehrer auch freihatte und seine Familie besuchte.

Kapitel 21

Nachmittagsvorstellung.

Wir Geschwister saßen alle in der Loge.
Der Auftritt meiner Geschwister war vorbei, wir aßen Popcorn, das wir zuvor in der Zirkusrestauration organisiert hatten.
Der Zirkusdirektor gab die Pause des Programms bekannt. Man konnte jetzt in der Zwischenzeit die Tierschau besuchen, die noch ein kleines Entgelt kostete und für uns natürlich kostenlos war.
Wir alle liefen durch das kleine Eingangstor, das die Tierschau von Zeltinneren abgrenzte und in das große Stallzelt mündete. Unachtsam kam ich dem Mandrill Gogo zu nahe, lief zu dicht an seinem Gitterkäfig vorbei. Gogo griff blitzschnell durch die Gitterstäbe, erwischte meinen geblümten Sommerrock mit seiner Hand und

riss ihn mir mit einem kurzen kräftigen Ruck vom Körper, so dass ich fast nur noch in der Unterhose vor seinem Käfig statt.

Mit seiner Beute, meinem Stoffrock, sprang er triumphierend auf seinen Kletterbaum, betrachtete den bunten Fetzen vergnüglich und wirkte höchst zufrieden.

Ich stand wie gelähmt da, schämte mich.

Die Leute schmunzelten.

Bärbel zeterte wie wild, beschimpfte den Affen, war völlig außer Fassung und begleitete mich an unseren Wohnwagen zurück.

„Ja, Lehrgeld zahlt jeder mal, ist ja weiter nichts passiert", lachte Mama.

Ich machte „gute Miene zum bösen Spiel" des Affen und nahm mir vor, in Zukunft etwas vorsichtiger zu sein.

Bärbel entschied, mir etwas beizubringen. Ich hatte schon bemerkt, dass ich nicht viel verstand, wenn die Artisten sich untereinander unterhielten.

„Naja, eigentlich gar nichts", gab ich zu.

„Das müssen wir ändern!" erklärte mir Bärbel, mit einem wichtigen Gesichtsausdruck.

„Du musst die ‚reisende Sprache' lernen, dann kannst du auch mitreden", bestimmte sie altklug.

„Ja, das stimmt", bestätigte ich grinsend, „meinen Pfälzer

Dialekt versteht aber auch keiner."
Bärbel nickte, wir kicherten beide.
Und, oh Gott, Bärbel legte los!
Sie war unerbittlich!

Ich lernte, dass das Brot „Maro" heißt, ein Mann „Gatscho" eine Frau „Moss".
Ganz wichtig war das Wort „Kellen" für Spielen oder Auftritt.

Die Tage vergingen und ich dachte daran, dass der Urlaub bald zu Ende war. Mir wurde etwas wehmütig zumute, ich tröstete mich aber, immerhin hatte ich zuhause bei Oma sehr viel zu erzählen. Erst meine Schulkameraden, die würden staunen und mich todsicher alle beneiden.
Zufrieden ging ich abends mit den Kindern ins Bett.

Kapitel 22

Krankenhausbesuch

Ich höre eine bekannte Stimme: „Isabella, steh auf, ich muss mit dir reden. Ihr auch aus den Betten, Kinder!"
Mama stand schon fertig angezogen in der Eingangstür zu unserem Kinderzimmer.
Ihr Gesicht sah ernst aus.
Bei ihrem Anblick stieg Angst in mir hoch.
„Ja", sagte ich und kletterte von dem Hochbett nach unten.
„Komm mit mir nach vorne!" Mama hielt mir die Kinderzimmertür auf.
Ich schlurfte im Schlafanzug meiner Mutter hinterher.
„Setz dich!" befahl Mama.
Mir wurde auf einmal sehr kalt, ich fröstelte, zog die Schultern hoch.
„Ich weiß nicht, wie ich es dir sagen soll", begann sie das Gespräch, „weißt du, deine Oma ist im Krankenhaus, sie ist sehr krank, Isabella!"
Da war es wieder, dieses dunkle Gefühl, die Ohnmacht, nichts, aber auch gar nichts tun könnten, um noch etwas an einem Zustand zu verändern .
Diese atemlose Kälte, die beißende Angst,
(„Ich will es nicht wissen, ich will es nicht hören!" hämmerte es in meinem Kopf.)

„Wann kann ich sie besuchen?" fragte ich laut.
Sie hatte starke Augenränder diesen Morgen, bemerkte ich.
„Wir können erst nach dem Wochenende fahren und haben eine lange Reise vor uns", ergänzte sie.
„Ja, nach dem Wochenende", sagte ich müde.
Die nächsten Tage vergingen schleppend, freudlos vorüber.
Ich dachte ständig daran, was auf mich zukam.
Wie geht es Oma?
Ich war soweit weg, außerdem ging die Schule bald wieder an.
Da konnte ich doch nicht fehlen.
Meine Geschwister versuchten mich abzulenken, doch das klappte nicht wirklich gut.
Dann war es so weit.
Anne und Charlie hatten ein Artistenehepaar damit beauftragt, meine Geschwister für ein paar Tage zu versorgen, während ihrer geplanten Abwesenheit für einen Krankenhausbesuch bei Oma in Deutschland.
Sie waren befreundet mit dem Ehepaar, und es gab keine Probleme.
Judith, das Kleinkind, und ich durften mitfahren.
Abends wurden schon die Reisetaschen gepackt.
Frühmorgens ging die Reise los.
Ich erlebte noch die Tränen und den theatralischem Abschied, von meinen Geschwistern, die natürlich alle

mitfahren wollten. Aber das ging nicht, wie Anne und Charlie entschieden hatten.

Die Autofahrt dauerte sehr lange, diesmal genoss ich sie nicht, doch wünschte ich mir, dass sie nie zu Ende ging.
Ich hatte große Angst und fühlte mich sehr schlecht.
Ich überlegte mir ständig, was mich am Ende der Reise erwartete.
Anne und Charlie unterhielten sich nicht viel.
Ich sprach auch nicht, war einfach nur ruhig, was überhaupt nicht meinem Temperament entsprach.
Die Stimmung im Auto war gedrückt und kalt.
Ich schloss die Augen und steckte meinen Daumen in den Mund, der mich beruhigte.
Unterwegs hielten wir ein paarmal an, um eine Kleinigkeit zu essen.
Ich würgte ein paar Bissen hinunter, weil Anne mich ermahnte.
Nachdem Judith versorgt war, ging es weiter.
Als wir in der Pfalz in meiner Heimatstadt ankamen, war es schon dunkel.
„Übernachten werden wir bei Tante Inga!" Meine Mutter drehte sich nach mir um.
Ich nickte,
Tante Inga und Onkel Karl wohnten ganz in der Nähe der Wohnung, in der ich mit Oma gelebt hatte.

Fast jeden Tag war ich mit Oma bei Tante Inga und ihrer Familie.
Oma half dort immer aus.
Tante Inga war die jüngere Schwester von meiner Mutter.
„Meine Lieblingsschwester ist Inga", hatte Mutter mir einmal gestanden.
Wir alle stiegen aus, und Charlie klingelte an der unteren Eingangstür.
Der Türsummer ging und öffnete uns.
Wir stiegen die vier Stockwerke nach oben.
Die Eingangstür der Wohnung wurde geöffnet,
Tante Inga begrüßte uns alle herzlich.
Im Wohnzimmer angekommen bekam ich gleich, das Bett in dem Kinderzimmer zugewiesen, in dem meine Cousine Jeanette schon tief schlief.
Nach meiner Toilette ging ich ins Bett.
Ich hatte die Blicke von Mutter und Tante Inga bemerkt, die mir nichts Gutes verhießen.
Die Erwachsenen unterhielten sich noch lange.
Ich konnte das monotone Stimmengewirr eine Weile hören.
Nach einigem Hin- und Hergewälze im Bett schlief ich ein.
Am nächsten Morgen wurde ich früh geweckt.
Nach dem Frühstück fuhren wir mit dem Auto los.
Mutter, Tante Inga, Charlie und ich.
Judith blieb bei Tante Ingas Familie. Die ganze Autofahrt

zum Krankenhaus dachte ich mir unterwegs Geschichten aus, um diesen Gang, den Besuch nicht wahrzunehmen.
Oma lag in ihrem Bett, das zarte Gesicht, das sogar im Alter von 70 Jahren fast gänzlich ohne Falten war, eingefallen.
Die braunen Augen, die mich beim Eintritt in das Zimmer, sofort suchten, waren gelblich, glanzlos.
Die schneeweißen Haare waren strähnig, streng am Kopf festgesteckt.
Der Mund ein kaum noch erkennbarer Strich.
Das Deckbett etwas heruntergezogen, und man sah einen aufgeblähten dicken Bauch, den ein geblümtes Nachthemd bedeckte.
Instinktiv tat ich so, was alle taten, Mutter, Charlie und Tante Inga.
Ich versuchte, mit aller mir möglichen Kraft, nicht entsetzt auszusehen und so zu machen, als sei alles in Ordnung.
Ich ging ans Bett und fasste nach ihren kleinen zarten Händen.
„Mama - wann kommst du nach Hause?" stammelte ich. (Es gibt kein Wort dafür, was ich innerlich fühlte!)
Sie lächelte.
„Geht es dir gut?" Sie überhörte meine Frage.
So war sie, überlegte ich, immer dachte meine Oma an die anderen. Selbst jetzt noch, nicht mal an sich.
„Ja, ja, Mama, es geht mir gut!"
Sie schaute mich prüfend, eindringlich an, dann zog sie

die eine Hand weg, die ich beide noch festhielt, und streifte an ihrer anderen Hand einen Münzring von ihren Finger.

„Hier, Isabella, der gehört dir! Diesen Ring hat deine Mutter Anne mir geschenkt, du sollst ihn haben."

„Nein, ich will ihn nicht!" widersprach ich, schon leicht hysterisch. „Nein, ich nehme ihn nicht!"

„Du wirst ihn jetzt nehmen! Isabella, ich will es so!" Sie lächelte: „Wenn ich zuhause bin, kannst du ihn mir wieder zurückgeben, machen wirs so?" Sie schaffte es sogar verschmitzt, fröhlich auszusehen.

Sie nahm meine Hand und steckte den Goldring an meinen Finger.

Ich küsste sie. „Danke, Mama!"

„Ist gut, Isabella, bleibe ein gutes Gotteskind, das musst du mir versprechen!"

Ich nickte.

Plötzlich drehte sie sich um und rief nach ihrer Tochter Anne, meiner Mutter, die hinter mir am Bett stand.

„Schnell, gibt sie mir!" Sie deutete auf eine Metallschüssel, die neben dem Bett stand. Meine Oma stemmte sich hoch und erbrach fruchtbar in die von meiner Mutter hingehaltenen Metallschüssel. Sie konnte damit nicht aufhören.

„Schickt das Kind raus!" Sie atmete schwer.

„Ich habe noch was mit euch zu besprechen!" hörte ich noch, während Charlie mich aus dem Zimmer schob.

Ich taumelte nach draußen auf dem Flur und setzte mich dort in der Nähe des Krankenzimmers auf die Bank.
Und wünschte mir eine Ohnmacht.
Vielleicht war alles nur ein böser Traum, ein Albtraum, vielleicht wache ich auf und es ist so, wie es vorher war?
Ich werde mich bessern, schwöre ich, nicht mehr so freche Antworten geben, nicht mehr mit ihr diskutieren, ihr sagen, dass ich gerne mit ihr in die Kirche gehe.
Ja, das nahm ich mir fest vor.
Innerlich wusste ich, dass ich mich belog, hatte das Gefühl, dass ich keine Gelegenheit mehr dazu hatte.
Und ein brennendes Reuegefühl umklammerte meine Seele, mein Bewusstsein.
Sie kamen irgendwann heraus aus dem Krankenzimmer.
Tante Inga und Mutter mit rot geweinten Augen und voller Traurigkeit.
Wir sprachen nicht viel.
Wir blieben noch eine Nacht.
Den nächsten Tag gingen die Erwachsenen wieder ins Krankenhaus.
Ich beaufsichtigte meine Cousinen.

Kapitel 23

Zurück in der Schweiz

Am nächsten Tag fuhren wir zurück in die Schweiz.
„Die Kinder warten, unsere Auftritte sind unser Brot. Wir haben Verträge einzuhalten, wir können nicht länger bleiben! Das verstehst du doch, Isabella?" erklärte mir Charlie.
„Du fährst mit uns zurück, hier hast du keine Bleibe! Wir werden sehen, wie alles weitergeht", ergänzte er.
Ich nickte, irgendwie war ich froh, wieder mitfahren zu können.
Dadurch hatte ich den Eindruck diesem Problem zu entfliehen.
Das Geräusch der abrollenden Reifen, die Geschwindigkeit des Autos beruhigten mich.
Ich hörte nicht meine Gedanken, das war gut.
Ich lutschte Daumen und wurde müde.
Spät in der Nacht kamen wir wieder in der Schweiz an unserem Wohnwagen an.
Schlaftrunken zog ich mich aus, schlüpfte in meinen Pyjama und legte mich ins Stockbett neben Bärbel, die schon schlief. Die Freundin, die die Kinder versorgt hatte, verabschiedete sich.
Jeder ging in seinen eigenen Wohnwagen schlafen.
Am nächsten Morgen war der Jubel groß bei meinen Geschwistern, dass wir wieder zuhause bei ihnen waren.

Alle redeten durcheinander, was sie inzwischen erlebt hatten. Ich war still, freute mich aber an dem lebhaften Geplappere meiner Geschwister.

Die Tage vergingen mit Aufbauen, Abbauen, Reisen, Auftritte.
Ich verdrängte meine Gedanken an meine Oma, dachte an die Schule, die bald wieder anfing in Deutschland.

Kapitel 24

Omas Tod

„Isabella, ich muss mit dir reden!" meine Mutter schaute ernst.
In meinem Magen machte sich das flaue Gefühl breit, das ich schon kannte.
Meine Geschwister sahen neugierig auf.
Wir saßen alle zusammen im Wohnwagen in der Küchenecke, das Frühstück war gerade beendet.
„Geht raus spielen!" befahl meine Mutter den Kindern.
„Isabella kommt dann nach."
Mürrisch trollten sich die Kinder aus dem Wohnwagen. Am liebsten wäre ich ihnen nachgelaufen, instinktiv war mir bewusst, dass ich mich wieder einmal auf ein großes Problem einstellen musste.

(Innerlich war ich völlig verzweifelt. Ich höre einfach nicht richtig hin, dann geht alles schnell vorbei, dachte ich bei mir, doch die Wortfetzen meiner Mutter erreichten mich trotzdem.

„Wir fahren nach Birkenfels, da ist die Beerdigung, Oma ist gestorben."

„Ich habe mit Charlie gesprochen, du kannst jetzt bei uns leben!"

„In Birkenfels wird jetzt die Wohnung aufgelöst."

„Tante Inga hat viel Arbeit damit, weil ich hier nicht weg kann, ich kann ihr nicht beim Ausräumen helfen, damit alles leer wird."

Ich hatte keine Tränen, starrte meine Mutter an.

„Kann ich rausgehen?" fragte ich sie.

„Ja natürlich:" Sie betrachtete mich erstaunt wegen meiner Reaktion.

Beim Hinauslaufen aus dem Wohnwagen wünschte ich mir, dass das alles nur ein Traum ist.

Wenn ich aufwache, ist das nicht passiert.

Alles ist wie früher.

Es wurde nicht mehr wie früher.

Ich wachte auf, der Alptraum war nicht verschwunden.

Es wurden schwarze Kleider gekauft für die Erwachsenen.

Kapitel 25

Beerdigung meiner Oma Helga.

Ich lief diesem Holzsarg hinterher und überlegte mir, dass meine Oma drinnen lag und demnächst in die Erde eingegraben wurde.
Eigentlich war sie ja noch da, aber wo war das Leben, das in ihr drin war?
Ich lief neben meinen Verwandten her und fühlte nichts.
Weder Trauer noch Schmerz.
Mein Körper war wie aus Metall, außen hart, kalt.
Innen ohne Organe, völlig hohl, komplett leer.
Ich beobachtete mich selbst, hatte absolut keine Gefühle.
Ich hörte Kirchenglocken.
Urplötzlich spürte ich eine unbändige Wut in mir hochsteigen, ja, ich hasste das Geläute,
Sie verhöhnten mich, wie ich empfand.
Bis heute kann ich, keine Kirchenglocken hören.
Die Beerdigung lief wie ein Film an mir vorüber.
Ich stand völlig teilnahmslos daneben, versuchte nicht daran zu denken, dass meine Oma nicht mehr für mich da war, jetzt in einer Holzkiste in der Erde lag.
Über Nacht blieben wir bei Tante Inga und ihrer Familie.
Ich kuschelte mich an Bärbelchen, die wieder das Bett

mit mir teilte.
Schlief irgendwann ein.
Die Erwachsenen klärten noch den Nachlass und die Bürokratie.

Dann fuhren wir alle wieder zurück in die Schweiz.
In der Schweiz angekommen war wieder
Zirkusalltag angesagt,
Auftreten, Abbauen, Aufbauen.
Wohnwagen einräumen, ausräumen, weiterfahren.

Es wurde kein Wort mehr über den Tod und den Verlust meiner Großmutter Helga verloren.

Ich fühlte mich wie ein Bauteilchen, das zu klein oder zu groß produziert worden war.
Jetzt wurde improvisiert, um das Teilchen im großen Projekt doch nicht verschwendet zu haben.
Niemand machte sich Gedanken, wie das Bauteilchen mit seiner unpassenden Form und seinen Beschädigungen, mitarbeiten konnte.
Ich war nicht übrig, aber ich fehlte auch nicht.
Ich fand einfach keinen Platz, wo ich eingebaut blieb und gut platziert funktionieren konnte.

Seelen sprechen. Gefühle

Manchmal ist das Leben
dunkel und leer.
Ich habe keine Tränen,
keine Wurzeln mehr.
Ich drehe mich im Kreis.
Weiß nicht mehr, wer ich bin,
wie ich heiß.
Fühle mich schutzlos,
leer
geschunden.
Denke an die unbeschwerten Stunden.
Will sie wieder,
meine Fröhlichkeit,
die mir nahm die Zeit.

Will meinen Wohlfühlmantel zurück!!
Der mich einhüllte,
wärmte,
der mir gab Schutz,
Zufriedenheit und Glück.

22.2.2010

Kapitel 26

Schulunterricht im Zirkus.

Alle schulpflichtigen Zirkuskinder, groß oder klein, wurden von einem mitreisenden Lehrer unterrichtet, der in seinem eigenen Wohnwagen mitreiste.
Es gab natürlich dem Alter entsprechend Einzelunterricht.
Der Lehrer wurde von dem Zirkusunternehmen bezahlt.
Alle Eltern bezahlten Beiträge dafür.
Natürlich wurde auch ich jetzt unterrichtet.
Der Unterricht machte Spaß.
So verbrachte ich das restliche Schuljahr.
Am Ende des Schuljahres wurde mir mein Schulbesuch in ein Heftchen eingetragen, mit Stempel, und damit die Schulteilnahme offiziell bestätigt.
Diese Heftchen wurde auch in Zukunft von meinen Gastschulen verlangt. Meine Anreise und Abreise wurden ebenfalls darin vermerkt.
Meine Mutter, Charlie und ihre Kinder, meine Geschwister, waren bei dem Zirkusunternehmen engagiert, wie ich jetzt begriff.
Am Saisonende im Winter fuhren fast alle Artisten wieder nach Hause zu ihren Familien.

Manche Artisten aber reisten mit dem Zirkus zusammen in das Winterquartier, wenn sie ihren Auftrittsvertrag mit dem Zirkus verlängert bekamen und für die neue kommende Saison wieder gebucht wurden.

Die Arbeiter blieben bei dem Zirkus. Sie hatten im Winter die Aufgabe, Renovierungsarbeiten an dem Zirkus und den Transportwagen zu tätigen.

Es gab immer etwas zu tun, um alles in Schuss, in Ordnung zu machen, zu halten.

Erst im Frühjahr, wenn das Wetter es zuließ, konnte der Zirkus wieder „spielen", wie das Auftreten genannt wurde.

Man bekam auch kein „Geld" für seine Arbeit, sondern „Gage".

Meine Familie arbeitete bis zum letzten Spieltag beim Zirkus.

Kapitel 27

Fahrt zum Winterquartier

Morgens war Beratung im Wohnwagen.
„Wo werden wir hinfahren, mit den Transporten und überwintern?" fragte meine Mutter ihren Mann Charlie.
Wir Kinder hörten interessiert zu.
„Ich habe mit Alex telefoniert, er hat nichts dagegen, wenn wir kommen. Er hat vor seinem Haus einen großen Platz, da können wir die Wagen einstellen, auch im Wohnwagen bleiben und wohnen.
„Strom und Wasser sind da", antwortete Charlie gut gelaunt.
„Den Pferdetransporter mit unserem Pferd Piccolo können wir nachholen. Das Pferd wird in der Zwischenzeit von einem Arbeiter versorgt, dem ich noch etwas zugesteckt habe", ergänzte Charlie. „Alles geregelt!"
Es wurde alles für den nächsten Morgen, die Weiterfahrt vorbereitet.
Alles wieder wie inzwischen bekannt. Abgeräumt, gesichert.
Noch abends wurde der Wohnwagen an den Lastwagen gehängt, angekoppelt.
Der Wagen stand noch auf den vier Stützen, damit er nicht wackelte, wenn man sich innen bewegte.
Früh gingen alle schlafen.

Am nächsten Morgen ging es los.
Frühstück, schneller Abwasch, Kontrolle, ist alles gut verpackt?
Stützen vom Wohnwagen hochgekurbelt.
Kontrolle, ob das Licht und die Blinker funktionieren.
Danach Einsteigen in den Lastwagen.
Und „Gas".

Die Fahrt begann.
Die Reise verlief nicht so wie immer.
Wir waren drei Tage nur am „Transport fahren."
Mit dem angehängten Wohnwagen kamen wir nicht schnell voran, mussten damit langsam und vorsichtig fahren.
Die Nächte verbrachten wir alle im Wohnwagen in unseren Betten.
Dafür wurden große Parkplätze auf den Raststätten angesteuert, wo wir zwischen Lkws Platz fanden.
Unser Transport war genauso lang wie die großen Lastwagen.
Alles wurde auch unterwegs wieder ausgeräumt, verstaut, geputzt.
Es gab in dem Wohnwagen eingebaute Wasserbehälter, die man mit Batterie betreiben konnte.
Mit dem herausgepumptem Wasser hatten wir die Möglichkeit, uns auch unterwegs kurz zu waschen oder das Geschirr spülen.
Das Licht funktionierte auch über Batterie. Das Chemieklo

konnte man an der Raststätte entsorgen.
So waren wir alle für eine Weile doch gut versorgt.
Ich fand das bemerkenswert und praktisch.
Und weiter ging die Reise.

Kapitel 28

Ankunft im Winterquartier

Irgendwann an einem Spätnachmittag kamen wir in Sandhausen an.
Ich hatte das Ortseingangsschild schon gelesen und gewusst, dass wir bald ankamen an unserem Ziel.
Wir fuhren bis zu der Ortsausgangstafel, ein Stückchen Landesstraße mit unserem Riesenfuhrwerk, und bogen dann rechts einen Seitenweg hinein.
Der Wagen knirschte und stöhnte.
Ein Stückchen weiter sah ich einen großen Platz, auf dem seitlich alte kaputte Schrottautos, Metallhaufen und Baumaterialien lagerten.
Vorne war der Platz sauber betoniert und leer. Weiter hinten sah ich ein großes neues Haus, das noch im Rohbau stand, nicht verputzt war.
An der Seite bemerkte ich noch ein kleines Häuschen, es war alt, aber bewohnt.

Ich erkannte das gleich an den hübschen Vorhängelchen und den Blumenkästen davor, in denen noch Geranien eingepflanzt waren.

„Alles bleibt sitzen, bis ich wieder komme!" befahl uns Charlie und stieg aus dem Lastwagen, auch meine Mutter blieb sitzen.

Wir alle beobachteten, wie Charlie über den Platz auf das große Haus zu lief, die Treppe hochstieg und dort klingelte. Die Tür wurde geöffnet und ein großer Mann mit dunklen Haaren begrüßte Charlie herzlich, umarmte ihn und klopfte dabei auf seine Schulter.

Die beiden lachten, waren sichtlich erfreut über ihr Wiedersehen.

Charlie kam mit dem großen Mann zurück an unseren Lastwagen, wo wir gespannt warteten.

Charlie öffnete die Lastwagentür.

„Das ist Onkel Alex", stellte er uns den großen Mann vor.

„Sagt guten Tag, wie sich das gehört!" befahl er uns.

"Guten Tag", kam es von uns, wie aus einem Mund gesprochen.

Onkel Alex hatte inzwischen seinen Kopf in den Innenraum des Transporters gesteckt und lächelte uns freundlich an.

„Was für eine Rasselbande, Charlie, und dann noch meine ‚Banditen', na gute Nacht", meinte er fröhlich.

„Guten Tag!" Mutter begrüßte er auch.

Sie nickte freundlich.

Onkel Alex drehte sich um und besprach jetzt mit Charlie unseren Stellplatz für den Wohnwagen, den Lastwagen, den Transporter, der ja noch nachgeholt werden musste.
Sie begannen mit großen Schritten unseren Platzbedarf grob auszumessen.
Danach stieg Charlie wieder in unser Fahrzeug und zog den Wohnwagen auf seinen vorhergesehenen Platz.
Wir alle blieben brav sitzen, bis der Wagen stand.
Als wir jetzt aussteigen durften, jubelten wir, streckten unsere Glieder und wollten auf „Erkundung" gehen.
„Nix da!" sagte Mutter „Ihr helft mit aufräumen, danach waschen, essen, Bett. Wir waren lange unterwegs, morgen ist auch noch ein Tag!"
Mürrisch ergaben wir uns unserem Schicksal.
Charlie schloss den Strom und die Schläuche für das Wasser an dem Wohnwagen an.

Am nächsten Morgen spürte man am Küchentisch beim Frühstücken bei uns allen eine große Nervosität.
Wir konnten es kaum erwarten, nach draußen zu gehen, um die neue Lebenslage zu erkunden.
Nach der Hausarbeit, bei der wir alle mithalfen, durften wir dann den Wohnwagen verlassen
„Einen Moment!" stoppte uns Mutter, „Charlie und ich gehen mit auf Besuch zu Tante Evita und Onkel Alex, benehmt euch ordentlich!" ermahnte sie uns.

Wir trafen Charlie draußen auf dem Platz und setzten uns alle gemeinsam in Bewegung, stiegen die Treppe des großen Wohnhauses hinauf, Charlie klingelte.
Ich hörte jetzt schon von drinnen emsiges Treiben, Klappern, Kinderlachen.
Onkel Alex öffnete die Tür: „Herein, herein, alle miteinander!" Er hielt weit die Eingangstür auf.
Wir passierten einen kleinen Flur, die Garderobe, dann standen wir direkt in einer wirklich großen Wohnküche mit einem riesigen großen Tisch in der Mitte und vielen Stühlen. An der Wandseite war noch eine Sitzbank eingebaut.
Eine Frau, Tante Evita, stand am Herd und kochte etwas.
Bei unserer Ankunft drehte sie sich um.
Ich schaute sie an.
Sie trug ihr braunes Haar hochgesteckt, die grünbraunen Augen blickten freudig.
Sie hatte ein hübsches Gesicht, auch sie trug auffälligen Goldschmuck.
Sie war zierlich und hatte eine geblümte Kochschürze ungebunden.
„Was für eine Freude!" Sie legte ihren Kochlöffel zur Seite, den sie gerade benutzt hatte, und ging uns entgegen.
Sie begrüßte Mutter, die Judith auf dem Arm hielt, mit einer Umarmung.

Dann wendete sie sich meinen Geschwistern zu.

„Na, wie seid Ihr groß geworden", lachte sie, „und wie hübsch ihr seit."

Inzwischen füllte sich das Zimmer mit Jugendlichen und Kindern, alle standen da und betrachteten die Szene.

„Ja, da ist ja noch jemand", wandte sich Tante Evita direkt an mich.

Alle Augen sahen auf mich.

Charlie drängte sich vor, stellte sich hinter mich und umfasste meine Schultern.

„Das ist unser Neuzugang Isabella, unser Elefantenbaby", setzte er hinzu.

Peinliches Schweigen brach aus.

Ich schaute nach unten und dachte, dass ich vergehen möchte.

„Na, man kann doch sehen, dass sie noch Babyspeck hat", versuchte er den nicht angekommenen Witz zu entkräften, was ihm aber von allen keine guten Blicke einbrachte.

Tante Evita ging auf mich zu und umarmte mich kameradschaftlich.

„Kennst du uns nicht mehr?" fragte sie mich, „es ist schon sehr lange her", lenkte sie ein, „aber erinnere dich, du warst noch nicht in der Schule, da lebtest du doch auch schon mal bei Anne. Wir wohnten damals in der Nähe von Charlies Wohnplatz. Du hast uns doch an

den Wochenenden ein paarmal mit deiner Familie besucht. Damals war nur Bärbel auf der Welt, mit meinen Kindern warst du befreundet", setzte sie hinzu.
Ich blickte auf und schaute direkt in die Augen von Leon, einem jungen Mann, der verlegen grinste.
Er war drei Jahre älter als ich, inzwischen 17 Jahre alt.
Daneben stand noch ein hübscher Junge mit dunkelbraunen lockigen Haaren, Raimund, etwa zwei Jahre jünger als Leon.
„Rosann ist unsere Älteste", stellte mir Tante Evita ihre Kinder vor, „sie ist 19 geworden, und hier Karen ist so alt wie du, Isabella, 14, und die anderen Kinder", sie lachte verschmitzt, „stellen sich selbst vor mit der Zeit. Wir haben insgesamt zehn Kinder, Onkel Alex und ich", meinte sie stolz.

Ich riss meine Augen auf, konnte das gar nicht glauben, diese zarte Person, zehn Kinder?
Alle Jugendlichen und Kinder, schauten mich neugierig an.
Sie standen, wie die Orgelpfeifen aufgereiht, in der großen Wohnküche. Auch ich betrachtete sie und schwitzte. Ja, das stimmte, es war so lange her, dass wir uns gesehen hatten, erinnerte ich mich. Wir waren damals noch so klein. Inzwischen hatte sich so viel verändert, es gab so viele Kinder mehr als bei uns, und wir Älteren waren schon fast erwachsen.

Tante Evita klatschte in die Hände: „ Schluss jetzt mit Gerede, dafür haben wir noch Zeit. An den Tisch setzen, ich habe für euch Eintopf mit Würstchen gekocht. Perfekt für so viele Leute!"
Irgendwie quetschten wir uns alle an den Esstisch und aßen. Wir Jugendlichen hörten zu, musterten uns teilweise verlegen.
(Ja, Babyspeck-Elefantenbaby, so hat er mich vorgestellt! Ich bin wirklich zu dick, und habe auch nicht so wunderschöne lange dicke Haare, wie die mir gegenübersitzenden Mädchen, dachte ich mir und fühlte mich hässlich.)
Die Mädchen schienen den Vergleich zu spüren, und lächelten mich freundlich an.
„Willst Du noch was zu trinken?" fragte mich Rosann.
„Nein danke", gab ich zur Antwort und nahm mir vor, in Zukunft weniger zu essen.
Nach der Mahlzeit räumten Rosann und Karen den Tisch ab und fingen an, Geschirr abzuwaschen.
Ich stand auch auf und verlangte ein Geschirrhandtuch zum Abtrocknen des Porzellans, was die Mädchen dankend annahmen.
Die Erwachsenen gingen ins Wohnzimmer, alle anderen gingen zum Spielen, die Jungs in ihre Zimmer.
Beim Abwasch entwickelte sich zwischen uns drei Mädchen ein lebendiges Gespräch. Sie erzählten mir ein wenig von ihren Interessen und ich von den meinen.

„Ja, wir werden eine tolle Zeit haben!" sagten die beiden und umarmten mich.
„Isabella, hoffentlich bleibt ihr recht lange hier!"
„Ja!" sagte ich fröhlich, „das wünsche ich mir auch."
Danach zeigten sie mir das große Haus. Die beiden hatten zusammen ein eigenes Zimmer. Die Wände des Raumes waren mit Bildern und mit großen Postern dekoriert.
Ich trat näher und schaute mir die Fotos an.
„Das sei ja ihr!" rief ich erstaunt.
Ich sah auf einem größeren Bild ein Hochseil gespannt, das an einem Kirchturm befestigt war.
Ich erkannte Leon, der ganz in Weiß angezogen war, auf dem Seil lief und eine große Balancierstange in beiden Händen hielt, um sein Gleichgewicht zu halten.
Man erkannte viele Menschen, die von unten nach oben blickten, um das Schauspiel mitzuerleben.
„Ja, das ist Leon, er ist Hochseilartist", erklärte mir Rosann, „und schau hier!" Sie zeigte auf das Foto daneben:
„Guck, hier sitze ich im unteren Bereich des Bikes, auf der Stange. Wir fahren beide, Raimund und ich, hinauf bis zur Spitze des Kirchturms, dann rollen wir wieder zurück - in die Mitte des Hochseils."
„Ja", sagte sie gewichtig „ jetzt kommt`s, wir machen dann einen dreifachen Salto auf dem Motorrad zusammen. Verstehst du? Wir wechseln uns beim Überschlag ab, einmal fährt Karen, einmal ich mit Raimund!"

„Puh, das kann ich nicht glauben!"
Ich betrachtete nochmals das Bild, sah noch unten auf dem Foto viele Zuschauer, große Wohnwagen, Transportwagen, einen großen Lastwagen, der mit riesigen Lautsprechern oberhalb der Fahrerkabine bestückt war.
Ich sah die ganze Familie mit ihrem Hochseil fotografiert! Sie hatten alle weiße Kostüme an.
„Damit man uns in der Höhe besser erkennen kann und wahrnimmt, deshalb die Farbe Weiß", erklärte mir Karen.
„Tatsächlich!" Ich war schwer beeindruckt.
Wir alle setzten uns auf eine kleine Couch, die auch noch in ihren Mädchenzimmer stand, Karen und Rosann zeigten mir noch mehr Fotos von ihrer Tätigkeit und ihrem Leben. Die Fotos waren sauber in einem Album eingeklebt.
„Ja, das sind die Stationen unserer Reisen. Im Sommer reisen wir, im Winter sind wir zuhause, bauen hier unser Haus fertig. Papa geht mit den Jungs noch schrotteln."
„Schrotteln?" fragte ich.
„Ja, wir sammeln Alteisen, geben es in großen Schrotthandlungen ab und bekommen Geld dafür. Es ist eine schwere Arbeit, und man wird auch richtig schmutzig dabei, aber die Leute wollen ihre Häuser sauber halten, und für uns ist es in der Winterzeit noch Geld, um zu überleben". erklärte Karin.
Ja, das sah ich ein und fand das gut.
Mein Gott, was ich schon in der Zwischenzeit alles neu

lernen konnte! Ich war richtig froh darüber. Ich bekam nach und nach eine so andere Sicht vieler Dinge.
„Aber jetzt zu dir, Isabella", sagte Rosann, „du hattest uns doch schon ein paar Mal besucht mit deinen Eltern, Tante Anne und Onkel Charlie, weißt du nicht mehr?" Sie legte ihren Arm um meine Schulter.
„Du warst knapp sieben Jahre, ich etwa zwölf Jahre alt", ließ sie nicht locker.
„Du kannst dich doch auch noch erinnern, Karen?" wandte sie sich zusätzlich an ihre Schwester.
„Ja natürlich, wir haben doch immer Hochzeit gefeiert und dich, Isabella, mit Leon verheiratet. Raimund musste immer den Pfarrer spielen", sagte Karen.
„Wir beide, Karen und ich", Rosann lachte, „trugen deinen Schleier, den du als Hochzeitskleid getragen hattest."
„Ja, ja, ich weiß es wieder", ich gluckste und lachte.
„Es stimmt! Der Schleier war eine alte weiße Gardine, die du, Rosann, irgendwo aufgetrieben hattest!"
„Und Leon hat dich geküsst, er wollte dich immer heiraten, das hat ihm am meisten Spaß gemacht", sagte Rosann.
Wir Mädchen umarmten uns und lachten, bis die Tränen flossen.
„Ja, wir werden eine richtig gute Zeit haben", sagte ich. Wir alle freuten uns, dass wir uns nach so vielen Jahren wieder begegnet waren.
„Komm, Isabella!" sagte Rosann. „Du musst noch meine

Großeltern kennenlernen, gehst Du mit, Karen?"
Karen nickte: „Natürlich!" Sie hängte sich freundschaftlich bei mir ein.
Ich fühlte mich aufgenommen und so wohl.
Wir drei verließen das große Wohnhaus, liefen ein Stück am Platz entlang. Da stand das kleine Häuschen mit den Blumen am Fenster und Pflanzen im Vorgärtchen, das ich bei meiner Ankunft, schon bemerkt hatte.
Karin drückte die Klingel, die an der Eingangstüre befestigt war.
Nach einer kurzen Weile wurde die Tür geöffnet.
„Hallo, Omi!" begrüßte Rosann ihre Großmutter und küsste sie links und rechts auf die Wange.
„Schau, wen wir mitgebracht haben, Omi."
Rosann drehte sich nach mir um und schob mich auf eine alte Frau zu.
Ich schaute sie an, sie hatte ein zierliches Gesicht, die immer noch rabenschwarzen Haare waren mit grauen Strähnen durchzogen. Auch sie trug das Haar hochgesteckt. Die Augen waren grünblau und sie musterten mich genau.
Sie öffnete ihren Mund, und ich entdeckte bei ihrem Lächeln zwei Goldzähne, die dominant alle ihre Zähne betonten.
„Herein, herein!" sagte sie freundlich. „Hallo, Karen", vergaß sie nicht ihre andere Enkelin, die noch hinter mir stand, zu begrüßen.
Auch Karen küsste ihre Oma.

Wir alle betraten das Häuschen, standen gleich mal im Wohnzimmer. Innen war es warm, gemütlich und sauber.
„Nun, das ist Onkel Niko, und ich bin Tante Linett", stellte sie sich mir vor.
Sie betrachtete mich.
„Ja, ich weiß, wer du bist, die Tochter von Anne. Ich kenne dich, seit du noch klein warst.
Wie groß Du geworden bist!"
Onkel Niko stand aus einem großen Ohrensessel auf, in dem er gerade fernsah, und kam auf mich zu.
Auch er umarmte mich, lächelte, und sagte: „Wie schön, dich wiederzusehen." Seine Augen schauten gütig. Onkel Niko war auch von kleiner Gestalt und ein wenig rund, sein Kopf, seine Augen und Nase, alles war irgendwie rund. Er hatte nur noch wenig Haare, aber ein wirklich freundliches Gesicht.
„So", Tante Linett übernahm wieder das Kommando, „ihr setzt euch, ich mache euch einen Tee!"
Bevor wir protestieren konnten, war sie in der Küche verschwunden, und wir hörten bald den Wasserkocher pfeifen. Onkel Niko hatte sich wieder in den Sessel zurückgezogen, schaute weiter fern, machte aber den Ton leiser.
Wir drei saßen jetzt in der Sofaecke und unterhielten uns.
Tante Linett brachte den Tee, und los ging die Fragerei.
Sie wollte wissen, wie lange wir bleiben mit dem Wohnwagen, und wie ich mich eingelebt hätte?

Ich gab karge Antworten, da ich doch jetzt überfordert war. Es waren einfach zu viele Eindrücke, und ich spürte nach dem Tee eine bleierne Müdigkeit, die auch Tante Linett bemerkt haben dürfte.

Als Anne draußen meinen Namen rief, dass es Zeit war, ins Bett zu gehen, war ich dankbar. Ich brauchte Schlaf. Ich verabschiedete mich höflich bei allen und verließ das Häuschen von Tante Linett und Onkel Niko.

Am nächsten Morgen hatten meine Geschwister und ich es sehr eilig mit dem Frühstück, um schnellstens unseren Wohnwagen verlassen zu können.
Wir hatten jetzt Freunde gefunden, die in unserem Alter waren.
Alle durften zeitig hinaus, bis auf mich.
„Ich habe mit dir zu reden", eröffnete mir meine Mutter.
„Ja?" sagte ich etwas genervt, auf der Küchenbank sitzend.
Meine Mutter setzte sich zu mir an den Tisch und fing an zu sprechen.
„Isabella, Charlie und ich haben besprochen, dass du auch eine Aufgabe brauchst, hier in unserem Leben."
Ich schaute sie interessiert an.
„Ja", fuhr Mutter mit dem Gespräch fort, „ihr müsst weiter die Schule besuchen, auch hier in Sandhausen. Du musst morgen deine beiden Geschwister Bärbel und

Katharina mitnehmen und auch mit nach Hause bringen. Falls die Schulstunden nicht passend für euch drei zusammen ausgehen, müsst ihr aufeinander warten!"
„Ja, das kann ich machen", willigte ich ein und hatte Herzklopfen, weil ich meine erste Gastschule kennenlernen würde, auch den ersten Stempel in mein Schulbesuchsbuch eingetragen bekäme.
Wie werden die Lehrer auf mich reagieren?
Wie die Schüler? Ein leichtes Unbehagen beschlich mich. (Stell dich nicht so an, machte ich mir selbst Mut, irgendwie ist das eigentlich ein Abenteuer!)
„Ja, gut, Mama!"
„Übermorgen geht ihr euch anmelden. Charlie zeigt dir, wie das geht, damit mit du als älteste Bescheid weißt. Dann kannst du das in Zukunft alleine erledigen. Bis zum Mittagessen kannst du raus, danach sehen wir weiter." Sie erhob sich und band sich eine Schürze um.
„Super!" Ich lief gut gelaunt nach draußen zu dem Haus von Tante Evita und klingelte. Da mir keiner öffnete, fasste ich mir ein Herz und öffnete die Eingangstür, die nicht verschlossen war, passierte den Flur, stand in der Küche.
„Oh, Isabella, ich hab dich gar nicht gehört."
Tante Evita stand vor mir.
Auch sie war bei Vorbereitungsarbeiten in der Küche.
„Es ist kein Wunder bei diesem Lärm!"
Aus dem Haus hörte man Staubsaugerlärm. Tante Evita

erklärte mir weiter: „Es ist Wochenende, da helfen alle mit bei der Hausarbeit. Am Montag ist wieder Schule und dann, wenn alle aus dem Haus sind, die einen zur Schule, die anderen zur Arbeit, ist es ein bisschen ruhiger hier. Na ja, bis auf die ganz Kleinen", lächelte sie mich an.
„Du suchst bestimmt Rosann und Karen? Geh durch, sie sind hinten am Werkeln, du kennst dich ja inzwischen aus?"
„Ja", sagte ich, „danke." Ich lief durch das Haus und blieb an der Tür stehen, klopfte, wo der Staubsauger zu hören war. Augenblicklich verstummte das Geräusch.
Die Tür wurde von Rosann geöffnet.
„Oh, hallo, Isabella!" wurde ich herzlich gegrüßt.
„Hast du ein bisschen Zeit für mich, oder ist es jetzt unpassend?" fragte ich höflich.
Rosann lachte, erklärte mir: „Karen ist im oberen Stockwerk, putzen, aufräumen, und macht die Betten in dem Zimmer der Jungs."
„Und warum machen die erwachsenen Jungs nicht selbst ihre Zimmer?" fragte ich erstaunt.
„Tja", Rosann rollte mit den Augen, „ das ist halt so bei uns, solange die Jungs keine Familie haben, sind wir älteren Geschwister-Mädchen da, um alles in Schuss zu halten. Auch ihre Zimmer. Dafür sind die Jungs schon früh am Morgen mit Papa schrotteln gefahren. Mit diesem verdienten Geld ernähren sie, die ganze Familie im Winter."
„Und hast du einen Beruf?" fragte ich Rosann.

„Kein Beruf, wie du ihn vielleicht kennst", klärte mich Rosann auf. „Ich bin Hochseilartistin, helfe aber auch meiner Tante, die Schaustellerin ist, an ihrem Stand verkaufen. Einen direkten bürgerlichen Beruf gibt es bei uns nicht. Das passt auch nicht zu uns!"
Ich staunte.
„Ich mache dir einen Vorschlag", meinte Rosann „Du hilfst mir beim Putzen, ich helfe dir später auch, dann sind wir schneller fertig. Dann können wir am frühen Abend noch ein bisschen, in unserem Partykeller gehen, Musik hören und feiern, alle miteinander."
„Super Idee", sagte ich.
Sie gab mir ein Poliertuch.
„Hier alles abstauben, danach Badpflege! Ich bewältige das andere!" befahl sie organisatorisch.
Als ich fast mit meiner Aufgabe, die mir Rosann angeschafft hatte, fertig war, rief schon meine Mutter zum Mittagessen. Nach dem Mittagstisch stand wirklich Rosann vor der Tür unseres Wohnwagens. Sie kam herein, half mir beim Abwasch und Aufräumen. Mutter besuchte inzwischen mit Judith Tante Linett. Sie tranken Kaffee. Niemals zuvor hatte mir das Aufräumen des Wagens so viel Spaß gemacht.
Rosann und ich kicherten und ulkten.
Ich freute mich auf den Abend, auf die Party.
Als wir mit der Hausarbeit fertig waren, verließen wir den Wohnwagen und gingen zusammen in Rosanns

und Karens Zimmer.

Die anderen Kinder, auch meine Geschwister, tollten irgendwo im Haus und vor dem Haus herum, man hörte sie lachen, und quietschen.

Alle sind so zufrieden, dachte ich, und fühlte, mich auch wohl.

Karen kam zu uns, und wir unterhielten, erzählten aus unserem Leben.

„Du hast schon super unsere reisende Sprache gelernt", lobte mich Karen.

Ich wurde rot, freute mich.

„ Bärbel meinte, es wäre wichtig für mich!"

„Ja, das ist es", bestätigte auch Rosann.

„Du solltest noch deinen pfälzischen Dialekt bändigen", riet sie mir, „dann merkt man nicht so, dass du nicht immer bei deiner Mutter gelebt hast. Du passt besser dazu, wenn du dich anpasst, du hast es leichter", meinte sie gütig, „es ist nur ein Rat."

„Ja, ich weiß, aber es ist schwer, weil ich so bin, wie ich bin!" Ich zuckte mit den Schultern.

„Das wird schon", meinte Rosann und umarmte mich.

Charlie saß mit Onkel Alex und den Jungs, Raimund und Leon, im Wohnzimmer. Sie diskutierten über Geschäfte und erzählten sich, was sie in der vergangenen Saison auf der Reise erlebt hatten. Es wurde gelacht, geschimpft, erklärt, mit Händen und Füßen und Körpersprache alles untermalt.

„Los, Charlie, hol das Akkordeon, mach ein bisschen Musik für uns!" wünschten sich Tante Evita und Mama, die sich zu den Männern gesellt hatten.

„Warum nicht?" Charlie stand auf, lief aus dem Wohnzimmer, um sein Akkordeon zu holen.

„Ich sage noch Niko und Linett nebenan Bescheid, dass wir feiern", sagte Charlie auf dem Weg durch das Zimmer, er hatte einen roten Kopf vom Alkohol.

Das Barfach des Wohnzimmerschrankes stand auf. Man konnte immer noch einen beträchtlichen Vorrat an Alkoholflaschen sehen.

„Und ich werde vorher noch die Kinder ins Bett bringen", entschied meine Mutter, „dann bin ich frei, bis gleich, Evita!"

Meine neuen Freundinnen und ich standen im Türrahmen des Wohnzimmers und entschieden, dass wir lieber im Partyraum, mit unserer Musik feiern wollten.

Charlie schaute etwas irritiert, wurde aber durch ein lautes Hupen von draußen abgelenkt.

Onkel Alex und Charlie gingen an das große Wohnzimmerfenster und schauten nach draußen, um zu sehen, wer da so unablässig hupte.

„Mensch, das ist doch Franz, mit der ganzen Familie, schau, ich kenne seinen Lastwagen und den Wohnwagen haben sie auch angehängt. Die möchten bestimmt,

auch bleiben, Alex", vermutete Charlie und drehte sich nach seinem Freund um.
„Ja, das ist Franz, du hast recht, ich schau mal mit hinaus."
Die Männer gingen nach draußen.
„Komm mit!" sagte Mama, „ hilft mir die Kinder ins Bett zu bringen!"
„Aber Isabella wird doch wiederkommen, zum Feiern?" fragte Karen, ängstlich.
„Ja", sagte Mutter, „sie kann wieder kommen, wenn alles fertig ist."
Ich verließ mit meiner Mutter und meinen eingesammelten Geschwistern das Haus.
Sie folgten mürrisch.
Auf dem Weg zum Wohnwagen sah ich wieder Onkel Alex, der mal wieder große Schritte machte, um auszumessen, damit die neu angekommenen Transporte auf seinem Platz gut aufgestellt werden konnten und die Ausfahrt nicht behinderten. Aus dem Augenwinkel erkannte ich die gleiche Tätigkeit, die wir auch immer hatten, wenn wir irgendwo angereist waren und länger blieben.
In dieser Familie gab es auch einige Kinder und Jugendliche.
„Schön", dachte ich, „was für ein buntes Leben!"
Bevor ich unseren Wohnwagen betrat, drehte ich mich noch mal um, jetzt konnte ich die Werbeaufschrift des Lastwagens lesen: „Puppenbühne - Kasperletheater".
„Na super", überlegte ich, wieder was Neues.

Als meine Mutter und ich meine Geschwister im Bett hatten und wir auch sicher waren, dass Judith schlief, gingen wir in das Haus von Tante Evita zurück.
Von Weitem hörten wir schon Lachen und Musik - eine Bombenstimmung.
Im Wohnzimmer angelangt sahen wir die neuen Besucher. Bei unserem Eintritt winkten sie uns zu, erhoben sich von ihren Sitzgelegenheiten, umarmten und begrüßten uns.
Mutter kannte die beiden auch.
Ich wurde freundlich angesprochen: „Ich bin Tante Marina, und das ist Onkel Franz", ergriff die dunkelhaarige Frau das Wort.
Artig gab ich die Hand: „Ich heiße Isabella."
„Wir haben schon von dir gehört", erwiderte Tante Marina, „unsere Großen sind schon unten bei der Jugend, im Partykeller feiern", meinte sie auffordernd, dass ich mich entfernen dürfte.
Ich sah sie dankbar an.
Irgendwie sahen alle Frauen gleich hübsch aus, dachte ich mir auf den Weg in den Partykeller.
Alle hatten ihre langen Haare hochgesteckt, waren geschmackvoll, altersgerecht gekleidet. Sie trugen alle auffälligen schönen Goldschmuck, vor allem die Ohrringe waren etwas ganz Besonderes.
Auch die Männer trugen dicke Goldketten, meist teure Uhren und teure Ringe.

Selbst meine Geschwister, trugen schon schöne Kreolenohringe, hatten ihren Schmuck, Halsketten mit Anhänger aus Gold, sogar Judith als Kleinste.

Ich besaß davon nichts.

Ich betrat den Partyraum und staunte nicht schlecht.

Der Raum war wirklich groß. An den Wänden hingen Poster der bekannten Schlagerstars. Ich erkannte Elvis, die Beatles, Michael Holm, Roy Black.

Eine rote Glühbirne, die als Beleuchtung angebracht war, tauchte den Raum in ein diffuses Licht. In der Mitte stand ein großer viereckiger Tisch mit ringsum vielen Stühlen, die alle besetzt waren, mit bekannten und unbekannten Gesichtern.

An der Seite erkannte ich ein Regal, in dem Flaschen mit Limonade standen.

An der hinteren Seite des Raumes waren Luftschlangen dekoriert, auch eine Art Tanzfläche angedeutet.

Ich stand etwas verloren im Raum.

„Da bist Du ja, Isabella, komm, setz dich zwischen uns!" rief Rosann.

Ich ging zu ihr und setzte mich zwischen Karen und sie.

„Schau, das sind Francesco und Enrico, die Kinder der Puppenspielerfamilie, die heute angekommen ist", erklärte Karen.

„Hallo, ich heiße Isabella", stellte ich mich selbst vor und freute mich, über das selbstverständlich Angenommen werden.

Die Musik kam von einem Plattenspieler, der auf einem kleinen Schränkchen stand.

Wir legten abwechselnd die Schallplatten auf, spielten die angesagten Schlager und tanzten ausgelassen zu der Musik.

Bei südamerikanischen Klängen staunten alle anwesenden Jugendlichen, wie graziös und einfühlsam ich mich zu den Flamencoklängen bewegen konnte.

Die Mädchen und Jungs hörten auf zu tanzen, stellten sich um mich im Kreis auf, klatschten vor Begeisterung den Takt der Musik.

Ich wirbelte in der Mitte, und meine Arme und Hände umschrieben und betonten die Geschichte, die mir die Musik erzählte. Als der letzte Klang verstummt war und mein Tanz damit zu Ende, klatschten alle begeistert, lobten mich über alle Maßen.

Ich bedankte mich mit schweißnassem Gesicht und klopfendem Herzen.

Wir setzten uns alle wieder hin, tranken Limonade zum Abkühlen.

Ich bemerkte, dass Leon, mich von Anfang an immer wieder betrachtete.

Auch ich studierte ihn heimlich, unauffällig, wie ich hoffte.

Leon sah wirklich gut aus. Er war von großer Statur, durchtrainiert. Das kam vom Training für den Seillauf, das Helfen beim Hausbau und das „Schrotteln gehen", wo er schwere Gegenstände bewegen musste. Das trug zusätzlich dazu bei, dass er so muskulös war. Seine Haare trug er gepflegt wellig lang, bis fast auf die Schulter. Die Haarfarbe war schwarz glänzend. Seine grünen Augen waren umrahmt mit dunklen dichten Wimpern. Der Mund war schön und voll geschwungen, aber männlich. Er hatte strahlend schöne weiße Zähne, seine Hautfarbe war das ganze Jahr über braun.

Seine Hände waren kräftig, schön geformt, die Figur schlank.

Zusätzlich hatte er eine umwerfende natürliche freundliche Ausstrahlung.

Wenn er zu einer Gesellschaft stieß, „ging das Licht an".

Alle, wirklich alle Menschen liebten ihn.

Ich bemerkte, dass auch Franziska, das Mädchen von der Puppenspielerfamilie, die mit 16 Jahren etwas älter war als ich, Leon immer wieder beobachtete.

Rosann hatte die BeeGees, eine Bluesmelodie aufgelegt.

Leon, der mir gegenübersaß, grinste leicht, verließ seinen Stuhl, sah mich an, streckte seinen Arm nach mir aus.

„Komm, Isabella!" forderte er mich zum Tanz auf.

Ich starrte ihn an. „Nein, ich kann das nicht tanzen, ich weiß nicht, wie das geht!!"

Ich wehrte vehement ab.

„Du stehst jetzt auf und tanzt mit mir!" befahl er mit fester Stimme. Versöhnend kam noch von ihm, als er mein völlig erschrecktes Gesicht sah: „Ich zeige dir, wie

das geht, glaub mir, es wird dir nichts passieren." Er lächelte mir beruhigend zu.
Ich schälte mich hinter den Tisch hervor, um auf die Tanzfläche zu gehen. Leon hatte inzwischen die angefangene Langspielplatte der BeeGees wieder so eingestellt, dass der Blues von Anfang an spielte.
Jetzt stand ich vor ihm, innerlich zitternd, aufgeregt mit bestimmt hochrotem Kopf, was ich absolut hasste.
Er grinste wieder etwas, blickte von oben auf mich runter.
„Es geht los!" warnte er mich.

Seine Hände umfassten meine Taille.
„So, du brauchst dich nur ein bisschen wiegen, auf die Musik hören", leitete er mich an.
Respektvoll hielt er Abstand zwischen unseren Körpern, und ich begann den Tanz zu genießen und Leon zu mögen.
„Weißt du noch, unsere Hochzeitsspiele von damals?"
„Ja, ich erinnere mich!" bestätigte ich.
„Ich hab dir doch gesagt, dass du mal meine Frau wirst!"
Leon ließ immer noch nicht, das Thema los.
„Es ist lange her, wir waren noch Kinder", lenkte ich ein.
„Aber als ich dich jetzt wieder sah, merkte ich, dass ich dich immer noch sehr gerne mag, anders wie damals, klar, aber jetzt sind wir schon erwachsen", hakte er nach.
„Du vielleicht, Leon, ich noch nicht ganz", gab ich zu bedenken.

„Ich weiß, Isabella, du bist so anders. Wenn du mich auch magst, werde ich mit Onkel Charlie sprechen und auf dich warten." Er zog mich etwas dichter an sich beim Tanzen.
„Wie auf mich warten?" fragte ich ihn und schaute in seine grünen Augen, die glänzend auf mir lagen.
„Das macht man so in unseren Kreisen, das ist Respekt. Man fragt den zukünftigen Schwiegervater vorher um Erlaubnis, um die Hand der Tochter!" Er grinste wieder.
„Und vorher passiert nichts, was die Ehre des Mädchen kostet, leider", ergänzte er jetzt noch übermütig frech.
„Das gibt's doch gar nicht! Du machst Spaß, Leon", stotterte ich.
„Nein, es ist so, frage Rosann, sie wird dich über wichtige Dinge aufklären!" Leon lachte,
„Du wirst meine Frau, glaube mir!" Er bückte sich, und gab mir vor allem Jugendlichen einen zärtlichen Kuss auf den Mund.
„Ja aber, - darf ich dazu auch noch etwas sagen, Leon?"
„Nein!" sagte er und brachte mich lachend, an meiner Hand haltend, zurück an den Tisch, wo uns alle anstarrten.
Ich war völlig benommen, hörte auf die Musik.
Ich hatte Herzklopfen.
Ich war verliebt.

Charlie kam nach unten, um den Partyraum zu begutachten. Um zu kontrollieren?

Ich saß zwischen den Mädchen und war glücklich.
„Für Isabella ist jetzt Schluss!" entschied Charlie nach kurzer Begrüßung an alle.
„Nein, das kann nicht sein, Onkel Charlie!" versuchte Rosann Charlie umzustimmen. „Es ist doch erst 9:00 Uhr, wir haben alle so viel Spaß!"
„Das ist egal, für dich, Isabella, ist jetzt Schluss, geh in unseren Wohnwagen!" blaffte Charlie.
Peinliche Stille breitete sich bei allen jungen Menschen aus.
Ich merkte die mitleidigen Blicke der anderen, die mich verfolgten, als ich hinter Charlie die Treppe hochlief.
Ich kämpfte mit den Tränen, versuchte mir nichts anmerken zu lassen.
„Sag oben allen gute Nacht!", befahl mir Charlie
Ich bemerkte, dass er seine Macht über mich genoss.
Im Wohnzimmer angekommen verabschiedete ich mich von allen Erwachsenen.
Tante Evita, hatte erstaunt die Augen aufgerissen.
„Was, du schickst sie ins Bett, Charlie? Warum lässt Du sie nicht bei den anderen jungen Leuten? Es ist doch gut für sie, wenn sie sich einlebt und Freunde gewinnt", setzte sie unerbittlich hinzu.
„Ja, das stimmt, was Evita sagt", meinte auch Marina, die Frau des Puppenspielers.
Ich stand betreten in der Wohnzimmertür.
„Wenn ich sage, Schluss, dann ist Schluss!", sagte Charlie

herrisch und musterte mich herausfordern.
„Ich gehe schon", sagte ich eilig und lief aus dem Haus, dass keiner meine Tränen sah, in Richtung Wohnwagen.
Im Bett weinte ich.
Was war jetzt das?
Ja, ich hatte schon bemerkt, dass sich Charlie verändert hatte. Er arbeitete nichts, trank ziemlich viel, feierte oder ging Besuche machen bei Leuten, die in der Nähe im Winterquartier standen und auch Winterruhe hatten.
Mutter und Charlie hatten jetzt auch öfter Streit, den wir Kinder mitbekamen. Mutter gab ständig klein bei, da die Streitigkeiten immer aggressiver ausarteten.
Ich begriff, dass ich jetzt den wirklichen Alltag meiner neuen Familie erlebte.
Mit allen Höhen und Tiefen, und ich verstand, dass meine „Schonzeit" der Eingewöhnung ab heute Abend vorüber war.
Ich fühlte mich allein und verlassen.

Am nächsten Morgen lief alles wie gewöhnlich, nur Mama ermahnte uns alle, ganz leise zu sein, weil Charlie noch vorne im Bett lag und schlief.
„Wir sind spät ins Bett gekommen", erklärte Mama kurz, sie sah nicht glücklich aus.
Wir bewegten uns alle leise und redeten kaum.
Nach meiner Hausarbeit konnte ich nach draußen.

Ich traf Rosann im Haus.
„Wie geht's dir?" fragte sie mitfühlend.
„Ja, gut!" antwortete ich, nicht ganz der Wahrheit entsprechend, was sie mir aber wahrscheinlich auch ansah.
„Rosann kann ich dich etwas fragen?"
„Ja natürlich, Isabella, ich bin für dich da!" Sie lächelte mich an.
„Warum sagt ihr zu allen Leuten, die Euch besuchen kommen, Onkel und Tante?"
Rosann fing herzhaft an zu lachen.
„Ja klar, das kannst Du nicht wissen", räumte sie ein, „wir alle, die im Wohnwagen reisen und ihr Geld verdienen, sind eine große Familie. Wenn du einen Wohnwagen siehst, das „fahrende Volk", kannst du zu jeder Stunde dort klopfen, sie werden dir die Tür aufmachen und dich verköstigen oder dir weiterhelfen, wenn du ein Problem hast."
„Selbst, wenn ich sie nicht mit Namen kenne?" fragte ich ungläubig.
„Na klar, man kann nicht alle Leute mit Namen kennen, die unterwegs sind", erklärte mir Rosann.
„Aber über 1000 Ecken sind wir doch irgendwie miteinander verwandt."
„Und die Zigeuner?" fragte ich nach.
„Naja, mit den Zigeunern ist das so eine Sache. Sinti und Roma haben ihre eigenen Wurzeln, eigene Sitten und

Gebräuche, mit uns Komödianten nicht zu vergleichen."

„Wir Komödianten haben schon eine sehr lange Tradition", klärte mich Rosann weiter auf. „Im Mittelalter schon gab's Artisten, die in Königshäusern auftraten.
Es gab Gaukler, die damals schon die Bürger belustigten.
Es gab Minnesänger, die von Ort zu Ort zogen.
Dort trugen die Sänger die Geschehnisse von anderen Dörfern und Städten auf den damaligen Festplätzen vor.
So wurden die Bauern, Bürger und Adeligen informiert, was sich politisch und auch sonst Wichtiges woanders ereignet hatte."
Rosann schmunzelte: „Irgendwie waren meine Vorfahren die ersten Reporter, lebende Zeitungen, alles meine Vorfahren, ja Komödianten eben", sagte sie stolz.
Ich verstand.
„Heute macht ihr eigentlich auch nichts anderes, nur eben an die neue Zeit angepasst", erwiderte ich, „Zirkus, Puppenbühnen, Hochseilartistik, Hell Driver Shows, Akrobatik."
„Ja, genau", bestätigte Rosann, „du lernst schnell!"
Ich nickte: „Aber der Unterschied zu Roma und Sinti, was macht ihn aus?"
„Du bist ein Dummerchen", sagte Rosann,
„Der Unterschied liegt in der Kultur, in unseren Traditionen.

Nur wir treten auf, führen vor, machen Darbietungen.
Zigeuner sind oft Händler.
Natürlich begegnen wir auch Gipsys und gehen familiäre Bindungen ein, durch Heirat.
Doch glaub mir, darüber sind oft weder die Zigeuner sehr glücklich, noch den Leuten unserer Kultur gefällt das."
„Warum?" fragte ich unerschrocken weiter.
„Weil es wahnsinnig schwer ist, unsere Gewohnheiten aneinander anzupassen. Glaub mir, es ist sehr schwer, meistens halten diese Verbindungen den Druck beider Kulturen nicht aus!"
„Ach, so ist das?" sagte ich nachdenklich.
„Aber für die Leute, die Normalos", sagte Rosann „ sind wir alle, die im Wohnwagen leben, gleich.
Zigeuner eben. Aber das ist mir auch wurscht", meinte Rosann selbstbewusst, „sie wissen es nicht besser."
„Noch eins, Rosann, der Goldschmuck, was bedeutet das? Alle Leute, ob groß, ob klein, haben so schöne Ketten, Armringe, Armbänder an."
„Ja, das war schon immer Tradition, das ist so bei uns. Aber ein kleines Geheimnis gibt es doch zu verraten."
Rosann senkte die Stimme: „ Weißt du, Isabella, wir alle sind freischaffende Künstler, wir alle haben kein regelmäßiges Einkommen.
Es gibt einmal etwas mehr, und manchmal fast gar nichts zu verdienen.

Es läuft nicht so bei uns wie bei einem Arbeiter, der regelmäßig seinen Lohn bekommt.

Wir bekommen auch kein Geld von der Bank, weil wir keinen Nachweis bringen können, dass wir geregelt verdienen."

„Ja, und weiter?" fragte ich erstaunt.

Rosann lachte: „Ja, wir Leute von der Reise kaufen uns Goldschmuck, wenn wir gerade gut verdienen. Wenn wir dringend Geld brauchen, versetzen wir unseren Schmuck in Pfandleihhäuser und bekommen Geld dafür. Wir lösen den Goldschmuck wieder aus, wenn wir finanziell besser bestellt ist.

Wir haben das selbst jetzt noch nicht machen müssen, doch unser Schmuck ist immer eine Geldreserve, und er sieht noch gut bei uns aus, oder?" Rosann drehte sich etwas gespielt vor mir hin und her und machte ein stolzes Gesicht.

„Was für ein geniales System, einfach Spitze!" lachte ich begeistert.

„Aber für heute genug gelernt!" beendete Rosann die Aufklärung. „Komm, wir gehen nach oben."

Kapitel 29

Der erste Schultag in meiner neuen Gastschule

Wir waren alle aufgeregt, Bärbel, Katharina und ich: unser erster Schultag, in der Gastschule Sandhausen. Nach dem Frühstück lud uns Charlie ins Auto ein, und los ging's. Die Schule war ein Sandsteinbau. Davor lag ein schöner großer Schulhof. In der Mitte thronte ein Baum mit ausladenden Ästen. Um den Baum gab es Holzsitzbänke, die ihn umrahmten.
„Ist das auch die Hauptschule?" fragte ich Charlie.
„Ja, für große und kleine Schüler", sagte er ermunternd zu Bärbel und Katharina.
Wir stiegen alle aus und suchten den Weg zur Direktion.
Der Direktorin erklärte Charlie unser Anliegen.
„Wir wissen noch nicht, wie lange unsere Kinder hier die Schule besuchen, doch es wird schon ein paar Wochen sein, weil wir hier bei Freunden überwintern!"
Die Direktorin war etwas verwundert, doch sie schickte sich gleich an, ihren Schulplan zu studieren, der in ihrem Bürozimmer an der Wand hing.
„Ich werde die Kinder selbst zu ihren neuen Klassenlehrern bringen", entschied sie. „Wie kommen die Kinder nachhause?"
„Ich hole sie heute ab", sagte Charlie, „bis sie sich zu-

rechtfinden."

Die Direktorin nickte zufrieden.

Es wurde vereinbart, dass die Kinder auf mich im Schulhof warten mussten, bis auch mein Unterricht vorbei war, damit Charlie nur eine Fahrt machen musste.

Erst wurden meine Geschwister, in ihre Klassen gebracht und vorgestellt. Als sich die zweite Klassentüre geschlossen hatte, ging es weiter den Flur entlang in das höhere Stockwerk.

An der Türe mit der Nummer sieben klopfte die Direktorin an.

Ich betrat das erste Mal eine neue Gastschule, wie man das bei „uns" nannte.

Aufmunternd nickte die Leiterin der Schule mir zu.

Wir traten durch die Tür. Ich kam mit, sicherlich wieder mit knallrotem Kopf.

Meine schwitzenden Hände hatte ich zu einer Faust geballt, die andere Hand umklammerte den Griff meiner Schultasche.

Mein Herz klopfte wie verrückt.

Alle Schüler starrten mich an, es war absolut still im Raum.

Die Direktorin sprach kurz mit dem Klassenlehrer und verabschiedete sich mit einer netten Floskel von mir.

Ich nahm sie kaum wahr.

Ich blickte meinen neuen Lehrer an, der auf mich zukam.

„Ja", sagte der neue Lehrer, „ich heiße Herr Großmann, bin dein neuer Lehrer, und jetzt stellst du dich bitte allen vor, damit wir wissen, mit wem wir es zu tun haben", scherzte er aufmunternd. Er fasste mich kameradschaftlich an die Schultern, und richtete mich frontal der Klasse zu.

Da stand ich nun, irgendwie zur Salzsäule erstarrt.

Im Zimmer war kein Mucks zu hören. (Keiner hatte mich vorbereitet, ich hatte keine Hilfslektion geübt.)

Lehrer Großmann trat näher an mich heran:

„Anfangen könnten wir mit deinem Namen", gab er mir Hilfestellung.

„Ja", ich riss mich zusammen und befahl mir gerade zu stehen. (Schluss mit dem Selbstmitleid, was soll schon passieren?)

„Isabella heiße ich." Ich sah auf den Lehrer.

„Weiter?" fragte er.

„Isabella, ich bin bald 15 Jahre alt!"

„Wo kommst du her, was machst du?" bohrte der Lehrer weiter.

„Ich bin hier zu Gast. Ich weiß nicht, wie lange. Ich wohne im Wohnwagen, weil meine Eltern beim Zirkus arbeiten. Sie sind Artisten, meine Geschwister sind auch Artisten."

„Und was machst du speziell?" der Lehrer hörte nicht auf, zu fragen.

Was sollte ich antworten? Dass ich neu dazu gekommen war, durch welche Umstände? Dass ich nicht mehr wusste, wer ich war?

Nicht wusste, wie es weitergeht mit mir?
Ich schaute dem Pädagogen fest in die Augen, und sagte: „Ich bin noch im Training. Es wird etwas ganz Besonderes, was ich leiste, und kann jetzt noch nicht darüber reden!"
Alle Schüler fingen an zu tuscheln, und der Lehrer gab sich zufrieden.
Es wurde mir ein Platz zugewiesen, den ich mit einer Schülerin teilte.
Danach wurde mit mir vereinbart, dass ich am heutigen ersten Schultag, erstmal zuhören sollte, um mich mit dem Lehrstoff auseinandersetzen zu können.
Der Lehrer wollte am Ende des Unterrichts meine Schulhefte begutachten, um sich Informationen zu holen, was ich in der Artistenschule gelernt hatte.
Während des Unterrichts begriff ich ziemlich schnell, dass es doch schwierig sein würde, in den praktizierten Stoff einzutauchen und sich zurechtzufinden. Es gab andere Formen der Darstellungen, es gab ganz anders geschriebene Übungsbücher. Natürlich hatte ich eine Basisbildung, da ich etwa sechs Jahre regelmäßigen Unterricht bei meinen Großeltern gehabt hatte. Das kam mir jetzt zugute.
Ich nahm mir vor, mich anzustrengen, um nicht als „Doofe" vom Zirkus zu gelten.
In der großen Pause umringten mich fast alle Schüler und bombardierten mich mit Fragen.
So hatte ich mir den Gastschulbesuch nicht vorgestellt.

Ich war hoch erfreut und erzählte ein paar Geschichten, die ich, als wir noch in der Schweiz waren, mit dem Zirkus erlebt hatte. Die Schüler waren begeistert und irgendwie wollten fast alle mit mir befreundet sein. Ich konnte es nicht fassen, ich war doch noch derselbe Mensch wie vorher?

Damals in meiner Schule in Birkenfels wollten die Schüler von mir nichts wissen.

Auch meinen kleinen Geschwistern ging es ähnlich wie mir. Ich sah sie mit ihren Schulkameraden spielen.

Alles gut, super, dachte ich und fühlte mich gut.

Am Ende des Unterrichts gab ich Herr Großmann meine Schultasche.

Er wollte sich die Bücher und Hefte ansehen, mit denen ich gearbeitet hatte.

Charlie holte uns ab, wir alle freuten uns auf den nächsten Schultag in Sandhausen.

Am zweiten Schultag lernten wir den Busplan, zu lesen und mit dem Schulbus zu fahren. Nach der letzten Haltestelle in Richtung unserer Heimat mussten wir noch etwa zwei Kilometer zu Fuß laufen, weil das Haus und der Platz von Tante Evita und Onkel Alex so weit außerhalb lag.

Wir fanden das alle nicht so toll, aber es war nicht zu ändern.

In der Schule fühlte ich mich wohl, ich hatte eine nette Schulfreundin, die neben mir saß und mich beim Lernen unterstützte.

Ich kam relativ gut mit und beteiligte mich gerne am Unterricht.
Zuhause lief es dafür weniger gut.
Das Verhältnis zwischen meiner Mutter und Charlie war sehr angespannt.
Wenn Charlie nicht in der Sofaecke lag und mittags schon fernsah, war er unterwegs zum Feiern und Musik machen.
Mama kochte für uns, Nudeln in allen Variationen, für Charlie gab es jeden Tag, Fleisch, Steaks.
Sie stritten oft, woraufhin sich Charlie immer „fein anzog" und verschwand.
Mama weinte, und wir Kinder versuchten uns unauffällig zu benehmen, um ihr keinen zusätzlichen Kummer zu bereiten.
Nach der Schule und Hausarbeit spät nachmittags, hielt ich mich meistens bei Tante Evita und ihrer Familie auf.
Meine Freundinnen Karen und Rosann waren für mich da.
Wir verstanden uns gut. Karen lernte mit mir die „reisende Sprache" und erklärte mir Sitten und Gebräuche meiner neuen Gesellschaft.
Ich lernte schnell, übte Hochdeutsch, da ich wegen meines Dialekts ein Außenseiter war. Ich wollte jetzt aber angenommen werden, einfach nicht mehr auffallen, Ruhe finden.
Wenn nachmittags die Männer, Onkel Alex, Raimund und Leon von der Arbeit heimkamen, saßen wir alle meistens noch am Küchentisch zusammen.

Die Männer erzählten, was sie an Tag so erlebt hatten bei den Schrottsammlungen.

Es waren immer wieder neue Geschichten und ich genoss es, ihnen zuzuhören.

Leon schaute mich dabei strahlend an, und ich freute mich darüber.

Tante Evita und Onkel Alex sahen uns beide schmunzelnd an.

„Tja, Mama und Papa!" Er lachte laut und frech:
„Ihr wisst es doch auch, Isabella wird meine Frau. Als Kind, habe ich das schon gewusst. Ich hab es euch doch erzählt."
Er drehte sich zu seinen Eltern um.

„Ja dann!" lachte Tante Evita, „mir soll's recht sein, ich mag Isabella, wenn sie das auch möchte?"

„Aber hallo!" mischte sich Onkel Alex, in das Geplänkel. „Du weißt, Leon, dass so eine Sache jetzt noch zu früh ist und du erst mit Onkel Charlie sprechen musst. Respekt und Ehre, ich muss dich hoffentlich nicht daran erinnern?" Onkel Alex schaute ernst auf seinen Sohn.

„Natürlich weiß ich Bescheid, Vater. Wie kannst du nur was anderes denken?" Leons Stirn war leicht in Falten gelegt.

„Ist ja gut", beschwichtigte Onkel Alex seinen Sohn.

Ich saß bei diesem Gespräch mittendrin und wusste gar nicht, wie mir geschah, ich schämte mich.

„Ihr erschreckt Isabelle ja noch zu Tode", stellte Tante Evita fest. „Aber ihr seid ein schönes Paar, wenn die Zeit kommt, bist Du uns allen herzlich willkommen als Schwiegertochter, nicht wahr, Alex?" Sie schaute ihren Mann an.
Onkel Alex nickte.
„Sag ich´s doch", bestätigte Leon und ging lächelnd mir zuwinkend nach draußen.

Kapitel 30

Tante Linett, die Mutter von Tante Evita, hatte Geburtstag.

Es wurde ein Fest vorbereitet. Alle halfen mit, beim Kochen und dem Vorbereitungen.
Charlie wurde gebeten, Akkordeon zu spielen, was er gerne zusagte.
Das Fest begann schon mittags mit gutem Essen. Die Stimmung war grandios, und wir freuten uns alle. Es wurden artistische Einlagen aufgeführt, soweit es der Platz zuließ. Wir klatschten, und hatten einen Riesenspaß.
Auch die Puppenspielerfamilie hatte ein kleines persönliches Stück, aus Tante Linetts Leben und Erlebnissen einstudiert und mit ihren Marionetten nachgespielt.
Rosann, Karin und ich hatten uns am Ende des Raumes aufgestellt, in dem das Fest stattfand, und wohnten be-

geistert dem Spektakel bei. Nach Beenden der Vorstellung ergriff Charlie das Wort: „Ja, eine Überraschung gibt es noch!" sprach er in das Mikrofon,
„Isabella, unsere Spanischtänzerin, zeigt euch noch einen Tanz!"
Ich dachte, ich muss sterben, ich wollte einfach im Boden versinken.
„Nein, nein", stotterte ich.
„Isabella, komm nach vorn, beeile dich!" befahl Charlie.
„Ich kann nicht", sagte ich laut.
„Kann nicht, gibt´s nicht" sagte Charlie.
Alle fingen an zu klatschen: „Isabella, Isabella!"
Ich wusste, ich kam da nicht mehr raus.
Mit einem entsetzlichen Gefühl in der Magengegend schleppte ich mich nach vorne.
Beim Aufschauen blickte ich in die Augen von Leon, der mir aufmunternd zublinzelte.
Charlie fing an zu spielen, eine spanische erst traurige, danach feurige Flamencogeschichte.
Ich schloss einfach die Augen, fühlte die Melodie, bewegte mich dazu. Ich kam zu mir, durch lautes Rufen und Klatschen, alle waren ehrlich, begeistert.
„Was für ein Naturtalent!"
„Charlie, das muss man nutzen", hörte ich eine Männerstimme.
„Ja, ich weiß", sagte Charlie stolz und lächelte, mir

wohlwollend zu.
Plötzlich kam mir der Gedanke: Ja, ich konnte etwas Besonderes leisten!
Ja, das war´s, auch ich hatte ein Talent.
Ich unterdrückte meine Tränen.
Die Leute umarmten mich, auch Leon.
„Das war super", flüsterte er in mein Ohr.
Charlie hatte mich beobachtet, als Leon mich auch umarmte.
Ich sah, wie sich sein Gesicht böse veränderte.

Das Fest dauerte bis in den Morgen.
Für mich war um 9:00 Uhr schon Bettzeit, befahl Charlie.
Die kommende Zeit ließ mich Charlie nicht mehr aus den Augen, er kontrollierte mich minutiös.
Wenn er nicht da war, hatte er meine Mutter angewiesen, mich nicht mehr alleine ohne ihre Begleitung in das Haus seiner Freunde zu lassen.
Ich war mir keiner Schuld bewusst und fragte meine Mutter, auch Charlie, nach dem Grund.
Ich bekam von Charlie keine Antwort.
Mama sagte, dass sie schon genug Probleme hätte und ich mich daran halten sollte.
Rosann und Karen kamen, um zu fragen, warum ich nicht mehr ihr Haus betrat.
Ich wusste keine Antwort darauf.

Nach der Schule half ich beim Haushalt und kümmerte mich um meine Geschwister.
Ich war mit einem Mal eingesperrt, völlig unter Kontrolle!

Flamenco

Ich tanze nach der Musik,
ohne einstudierten Schritt.

Die Melodie berauscht mich,
für einen kleinen Augenblick
erlebe ich den Traum,
den der Sänger besingt.

Wiege meine Hüften, schließe die Augen,
lass mich gehen,
fühle Freiheit,
Sehnsucht,
träume,
will mit durch diese Geschichte gehen,
Fantasiebilder entstehen.

Mein Körper dreht sich,
ich schwinge die Haare,
die Arme, die Hände
das Geschehen ist noch nicht zu Ende.
Ich tanze wie in Trance,
mir ist heiß.
Über meine Stirn rinnt mir der Schweiß.

Bin mittendrin,
verstehe die Melodie,
den Sinn.
Ich spüre die Geschichte der Musik,
als hätte ich ein Buch gelesen,
ja,
als wäre ich dabei gewesen.
Meine Beine, sie wirbeln
kraftvoll im Takt,
versuchen abzuwehren
sein Problem
mit voller Kraft.
Vergesse Zeit und Raum,
die Wirklichkeit spüre ich jetzt
kaum.
Lausche der Geschichte:
Er liebt sie,
ohne sie zu besitzen.
Meine Hüften sie schwingen,
wollen alles in Einklang
bringen.

Spüre des Erzählers
Leid,

wünsche
dass am Ende sie bei Ihm
bleibt.
Hoffe,
es gibt eine gute Wende
sie finden sich
und tanzen,
den Tanz zusammen
zu Ende.

3.11 2010

Kapitel 31

Auf mich allein gestellt

Es war spät nachmittags, wieder einmal ist neuer Besuch angekommen.
Ich hörte hupen, fremde lachende Stimmen.
Ich saß im Wohnwagen und hob die Vorhängelchen nach oben, dass ich hinausschauen konnte.
Ich sah zwei große Mercedes, aus denen Leute ausgestiegen waren.
Erkannte zwei große Männer, der Rest waren Frauen. Vor allem eine junge Frau fiel mir sofort auf. Sie hatte ein rotes enges Seidenkleid an und schwarze hochhackige Pumps. Das dichte, rabenschwarze lange glänzende Haar, fiel ihr fast bis zur Taille.
Als sie sich gerade umdrehte, um Onkel Alex zu begrüßen, der den Besuch entgegenkam, sah ich ihr Gesicht. Sie hatte eine tief braune Hautfarbe, schwarze Augen, ein eben mäßig schönes Gesicht. Die weißen Zähne blitzten beim Lachen, das ich hören konnte.
Ich starrte durch die Gardinen auf die Frau, die wunderschön war. Beobachtete, wie Leon, der dazu lief, sie überschwänglich, hoch erfreut küsste und umarmte.
Mein Herz bekam einen Stich.
Eingehängt und lachend gingen die beiden auf das Haus zu, wobei ich noch einen katzengleichen Gang bei ihr registrierte.

Ich wich vom Fenster zurück und ging zu Judith, die quengelnd in ihren Bettchen lag.
Ich holte sie zu mir und wickelte sie frisch. Die anderen Kinder waren spielen.
Mama betrat den Wohnwagen.
„Komm!" sagte sie zu mir. „Besuch ist da, wir wollen ihn begrüßen!"
Sie nahm Judith auf den Arm, und ich ging mit zum Haus.
Im Haus war wie immer große Versammlung.
Es wurde begrüßt und geküsst.
„Ja, das ist Isabella!" stellte mich Charlie, der neuen Familie vor.
„Hallo!" klang es freundlich von allen Seiten.
„Tja, noch viel Babyspeck, unsere Kleine", machte Charlie alle auf meine etwas runden Hüften aufmerksam.
Was mich vor Scham beinahe umkommen ließ.
„Was sagst du da?" protestierten die Anwesenden.
„Sie ist doch ein hübsches Mädchen!"
Ich äußerte mich gar nicht.
Ich hatte Angst, dass ich in meinen Pfälzer Dialekt zurückfiel und mich blamieren würde beim Sprechen.
Ich fühlte mich hässlich und dumm.
Ich schaute auf Leon, der neben Samantha, so hieß die junge Frau, stand, sah, dass er sie fasziniert anhimmelte.
Genau so muss es sein, überlegte ich mir völlig überfordert.
Kein Wunder, die Frau sieht aus, wie aus „1001 Nacht".

In diesem Moment sah ich Leon auf Charlie zu gehen.
„Onkel Charlie", sprach er ihn an, „wir alle fahren in die Eisdiele, hier in Sandhausen, Ich möchte dich bitten, dass wir Isabella mitnehmen dürfen."
Charlie musterte Leon und antwortete mit fester Stimme: „Nein, Isabella bleibt bei uns. Wir gehen nachher alle in den Gasthof Linde zum Essen!"
Leon wich zurück.
„Aber Charlie!" mischte sich Tante Evita ein. „Das kann doch nicht dein Ernst sein!", rief sie erstaunt.
„Wir sind alles ‚alte Leute' für die Jungen. Lass sie doch mit den jungen Leuten fahren!"
„Ja?" fragte Leon nochmals tapfer nach. „Wenn du möchtest, bringen wir Isabella nach dem Essen sofort wieder zu euch, es wäre doch höchstens eine Stunde, wo sie bei uns allein wäre."
„Nein! Ich habe nein gesagt!" sagte Charlie fast bösartig.
„Na, dann." Leon entfernte sich, und die jungen Leute richteten sich her zur Ausfahrt.
Tante Evita und Onkel Alex schauten irritiert.
Ich stand wie benommen in dem Raum, alles lief wie ein Film ab.
Auch die Erwachsenen zogen Jacken und Mäntel an, um in den Gasthof zu gehen.
Man konnte ihn zu Fuß leicht erreichen, da er in der Nähe lag.

Das Gasthaus war ein Ausflugsziel.
„Ich möchte nicht mitkommen", sagte ich zu Charlie, „ich habe keinen Hunger!"
„Natürlich kommst du mit!" Charlie schaute mich herrisch an.
„Von dir höre ich jetzt keinen Ton mehr!" setzte er nach und genoss seine Macht über mich.
Innerlich beschlich mich eine unbeschreibliche Wut. (Wegen dir fang ich nicht an, zu heulen! schwor ich mir selbst.) Nach außen nahm ich gerade Haltung an., sah ihm fest und stolz in die Augen, wich seinem Blick nicht aus. Ich signalisierte ihm, dass ich den Kampf mit ihm aufnehmen, mich nicht ungerecht beherrschen lassen wollte.

Der Gasthofbesuch war für mich der reinste Horror.
Ich saß zwischen den Erwachsenen, hörte ihre Gespräche an mir vorbei fließen und fühlte mich Elend.
Ich würgte irgendetwas hinunter und betete, dass der Aufenthalt in der Gaststätte bald vorüber war und ich ins Bett gehen konnte.
Wir saßen alle an einem riesigen runden Stammtisch, ich vermied es Charlie anzuschauen.
Er redete laut und gestenreich, war fast der Alleinunterhalter.
Ja, Charlie stand gern im Mittelpunkt, er liebte es bewundert zu werden.

Tante Evita beobachtete mich mitleidig, sie saß zwischen Anne und Charlie.
„Weißt du, Charlie", sagte sie plötzlich und unterbrach seinen Redefluss.
„Schau dir das Mädchen an! Alleine zwischen uns! Was hast du für Erziehungsmethoden?"
Sie schaute auf Anne.
„Es ist doch gut, wenn sie sich zurechtfinden kann, wenn sie von unseren Kindern aufgenommen wird. Ihr könnt sie doch nicht wegsperren!
Nach allem, was das Kind erlebt hat!"
Charlie war plötzlich abrupt aufgesprungen von seinem Stuhl.
„Nun noch einmal für alle", zischte er, dabei schaute er besonders Evita und Alex an. „Meine Erziehungsmethoden gehen euch nichts an. Ich wünsche keine Einmischung! Falls das nicht klappt, werde ich morgen meinen Wohnwagen anhängen und mit meiner Familie wegfahren", schrie er mit hochrotem Kopf in die Runde.
Totenstille breitete sich unter der Tischgemeinschaft aus.
„Charlie, beruhige dich!" beschwichtigte Onkel Alex.
„Wir wollen keine Streit, natürlich ist das eure Familienangelegenheit."
„Herr Ober! Bitte eine neue Runde, das geht auf meine Rechnung!"
Charlie hatte sich wieder hingesetzt.

Ich wollte einfach nur noch in den Erdboden versinken, so peinlich war mir Charlies Auftritt.
Meine Mutter vermied meinen Blick, sagte nichts dazu.
Ich wusste jetzt: in Zukunft war ich auf mich allein gestellt.

Kapitel 32

Mein Mohrenkopf

Die nächsten Tage verliefen wie üblich.
Schulbesuch, Kinderbeaufsichtigung, Wohnwagen aufräumen, abstauben, Fenster putzen.
Charlie war viel unterwegs.
Wenn zu wenig Lebensmittel zum Kochen da waren, musste ich auch noch einkaufen gehen.
Um den Laden zu erreichen in Sandhausen, musste ich vier Kilometer weit laufen und dieselbe Strecke zurück, insgesamt acht Kilometer.
Ich ging gerne einkaufen. Es gab mir die Gelegenheit, mich „frei" zu laufen. Ich konnte beim Hinweg, ohne schwere Taschen, nachdenken.
Manchmal brachte ich Tante Linett, der Oma von Rosann und Karen, noch eine Kleinigkeit mit, die sie vergessen hatte zu besorgen. Dafür gab sie mir ein kleines Trinkgeld, was ich mir erfreut zusammensparte.

An diesem Tag war das Einkaufen wieder angesagt.
Ich hatte, als ich losging, noch einen kleinen Zettel dabei, um Besorgungen für Tante Linett zu erledigen. Ich durfte auch ihren Hund Ringo mitnehmen, damit ich nicht alleine laufen musste. Erfreut nahm ich den Hund mit und leinte ihn an.
Ringo war ein mittelgroßer schwarzer Mischlingshund mit borstigem, struppigem Fell. Seine braunen Augen schauten freundlich, er liebte alle Kinder, auch mich.
Gut gelaunt lief ich mit Ringo los.
Brav folgte mir das Tier in den Ort. Ich band Ringo an den Fahrradständer an, den ich, vor dem Laden entdeckte. Das Tier wartete geduldig.
Ich kaufte alle gewünschten Lebensmittel ein. Dann verabschiedete ich mich von dem Lebensmittelhändler, ging nach draußen, band den Hund los.
Ich hatte mir noch einen Mohrenkopf gekauft, den ich auf den Heimweg essen wollte.
Ich machte mich mit den Tier auf den Rückweg.
Ringo und ich liefen die Landstraße entlang. Es war wirklich weit zu laufen. Die zwei Einkaufstaschen waren schwer. Die Griffe der Plastiktüten, schnitten mir schmerzhaft in die Handflächen. Erschwerend kam hinzu, dass ich beide Plastiktaschen oft nur in einer Hand schleppte, da ich an der anderen Hand den Hund führte.
„Puh!" Ich stöhnte. Das war nicht gut überlegt, mit

dem Hund, dachte ich mir, und setzte immer öfter die Einkaufstaschen auf den Boden, um mich auszuruhen, bzw. meine Handflächen zu massieren, die höllisch schmerzten. Ich wagte aber auch nicht, den Hund von der Leine zu lassen.

So schleppte ich mich die Wegstrecke entlang.

Ringo und ich waren eine Weile gelaufen, da hörte ich ein Auto kommen.

Als ich das Motorengeräusch hörte, entschloss ich wieder eine Pause einzulegen und das Fahrzeug vorbeifahren zu lassen.

Ich zog Ringo näher an den Fahrbahnrand, zu seinem Schutz, stellte meine Taschen ab und holte die kleine Tüte heraus, in dem sich der Mohrenkopf befand. Den gönne ich mir jetzt, dachte ich und biss mit Genuss ein Stück der Schokolade ab.

Ich drehte mich um, mit der Süßigkeit in der Hand.

Inzwischen war das Fahrzeug bei uns angekommen, und ich erkannte den gelben VW-Bus von unserem Postboten.

Auch der Postbote erkannte mich und hielt den Transporter direkt neben mir an, was den Hund erschreckte.

Das Tier senkte den Kopf, machte einen blitzartigen Abwehrsprung nach hinten, befreite sich dadurch von seinem Halsband und war nicht mehr angeleint.

Ich hatte keine Kontrolle mehr über den Hund.

Entsetzt riss ich die Augen auf.
Inzwischen war der Postbote aus dem Auto ausgestiegen, umrundete sein Fahrzeug und kam auf mich zu.
„Oh, das tut mir leid!" entschuldigte er sich bei mir. „Du wohnst doch außerhalb, am Schrottplatz?"
„Ja", sagte ich verängstigt.
„Ich wollte nur fragen, ob du mitfahren willst? Ich habe dort was auszuliefern, du hast so viel zu schleppen", sagte der Postbote freundlich.
„Willst du?" hakte er nach.
„Ja, gerne! Aber nur, wenn Ringo mit kann."
Ich zeigte auf den Hund, der sich etwas seitlich hingesetzt hatte und die Szene beobachtete.
Unser Postbote schob die Seitentür des Paketautos auf. Die Tür stand offen, ich sah viele Pakete, die in dem Wagen aufgestapelt waren.
„Schau, hier ist noch Platz für den Hund. Du kannst dich zu mir nach vorne setzen", schlug der freundliche Mann mir vor.
„Ja, das ist gut!" Ich war einverstanden.
„Vorausgesetzt, wir können den Hund einfangen", gab der Postbote zu bedenken, „wie heißt der Hund?"
„Ringo", sagte ich.
„Ringo, komm her, komm rein!" rief der Mann.
Der Postbote und ich standen an der geöffneten Schiebetür des Pakettransporters. Wir bemühten uns redlich,

doch der Hund stieg nicht in das Auto.

„Du kannst es nochmal probieren mit dem Hund, ich muss nämlich weiter!" Er schaute auf seine Armbanduhr.
Ich sah meine Chance für ein bequemes Heimkommen schwinden.

„Ich bleib, nochmal hier an der Schiebetür und du versuchst ihn einzufangen, ein letztes Mal!" gab mir der gute Mann noch einmal eine erneute Fanggelegenheit.

„Ja, so machen wir´s", antwortete ich.

„Ringo, Ringo, komm her!" lockte ich den Hund und zeigte ihm meinen Mohrenkopf, den ich schon angebissen hatte. Der Hund kam, misstrauisch durch die erlebten Fangaktionen, näher.

Aber perdu wollte er sich nicht an die Seite des Wagens, wo die Schiebetür offen stand, hinbewegen.

O.k. machen wir es anders rum, entschied ich in Gedanken, und lockte das Tier mit der Süßigkeit in meiner Hand. Der Hund und ich umrundeten, den VW-Transporter von vorne, ich sah dabei, dass die Fahrerseite etwas offen stand.

„Ringo, komm, Ringo, komm", säuselte ich mit zarter Stimme und öffnete die Fahrertür noch ein wenig mehr.

Als das Tier ganz dicht zu meinen Füßen stand und nach oben schnüffelte, stellte ich den Mohrenkopf, nein, ich ließ ihn regelrecht fallen, auf den Fahrersitz.

Ich brauchte zwei Hände, um den Hund zu packen, bückte mich, fasste den Hund hinten am Genick und griff gleichzei-

tig unter seinen Körper, um ihn auf meinen Arm zu nehmen. Ich vertraute Ringo, dass er nicht um sich biss. Er winselte kurz auf, zappelte, verhielt sich aber jetzt ruhiger. Ich lief mit Ringo um das Auto, warnte den Postboten blitzschnell, die Tür zu schließen, und beförderte dosiert den Hund in das Auto.
Zu war die Schiebetür. Ich schwitzte, war fix und fertig.
„Wir müssen los! Vergiss deine Einkaufstaschen nicht", sagte der Postmann.
Ich nickte, nahm die Tüten und das auf die Erde geworfene Halsband auf.
Der freundliche Postbote war schon eingestiegen, hatte den Motor gestartet.
Ich öffnete die Beifahrertür und stieg ebenfalls ein.
Wir fuhren los.
Unterwegs fragte er mich, wie es mir in der Schule so ging.
Ich erzählte ihm, dass es relativ gut lief mit dem Mitkommen.
„So, wir sind da!" Der Bote hatte den Wagen an unserem Platz angehalten.
„Danke fürs Mitnehmen", sagte ich.
„Keine Ursache", erwiderte der Mann freundlich.
Ich packte meine Taschen, stieg aus.
„Ich lasse noch euren Hund raus!" Der Mann verließ auch sein Auto und öffnete die Seitentür.
Ringo brachte sich mit einem Riesensatz aus dem Auto in die Freiheit, würdigte mich keines Blickes.

Ich stand mit an der Seitentür, wo sich gerade unser Postmann anschickte, das auszutragende Paket zu finden.
„So, da haben wir das Paket." Er zog das Päckchen hervor, nahm es mit sich und mit Schwung schloss er die Schiebetür des Autos.
„Und Tschüss", verabschiedete, sich der Mann von mir.
„Auf Wiedersehen", sagte ich und sah ihm nach, wie er in Richtung des Hauses von Tante Evita lief.
Da sah ich ihn.
Nein!
Ich stand wie versteinert, starrte dem Postboten auf seine Uniformhose, auf sein Hinterteil.
Ich erkannte glasklar.
Meinen Mohrenkopf, der an seiner rechten Pobacke klebte und durch seinen Gang irgendwie lustig hin und her wackelte.
Die weiße Schaummasse war zerdrückt, außenherum alles Schokolade, die helle zerbröselte Waffel - das alles konnte ich noch deutlich erkennen.
In mir gluckerte es.
Nur mit viel Mühe konnte ich meinen Lachkrampf unterdrücken.
Ich hatte den Mohrenkopf auf seinen Fahrersitz gestellt, als ich den Hund fing.
Der Postmann hatte sich achtlos daraufgesetzt.
Ich hatte nicht den Mut, den Mann auf das Malheur

aufmerksam zu machen.
Inzwischen tat mir sein Auftritt leid.
Ich entschloss mich, meinen Einkauf nachhause zu bringen und nicht mehr darüber nachzudenken.
Ich begegnete den Postboten mit seinem Auto, noch viele Male beim Einkaufen.
Er hielt nie wieder bei mir an.

Kapitel 33

Leons Geburtstag

In den nächsten Tagen musste ich mit erleben, dass sich Charlie, vor allem meiner Mutter gegenüber, zum cholerischen Tyrannen entwickelte. (Oder schon immer einer war?)
Er war schlecht gelaunt. Sie konnte ihm nichts mehr recht machen. Einmal war sein Hemd, das er zum Ausgehen und Feiern brauchte, nicht genug knitterfrei gebügelt. Einmal war das Essen zu stark gewürzt, ein andermal zu wenig gesalzen.
Sie litt sehr unter seinen Wutausbrüchen, die lautstark waren und unter die Gürtellinie trafen.
Wir Kinder mussten uns ruhig verhalten, durften nach der Schule im Wohnwagen kaum reden.
„Psst, der Papa schläft!" Das war der Satz, der mir selbst

heute noch in Erinnerung gebrannt ist.

Charlie zog sich nach den Abendessen fein an und ging aus. Leute besuchen, Musik machen. Da er gegen früh erst nachhause kam, schlief er in den Tag hinein oder schaute fern.

„Im Winter gibt es nichts zu tun für ihn", entschuldigte meine Mutter ihren Mann.

Ich litt immer mehr unter seinen Launen und begann mich innerlich mit meiner Mutter zu solidarisieren und ihn abzulehnen.

Nein, so einen Mann hatte meine Mutter, sicher nicht verdient!

Ich war froh, wenn ich so wenig wie möglich mit ihm zu tun hatte, und freute mich, wenn ich mit Mutter und Judith Tante Evita im Haus besuchen konnte, wo schon Karen und Rosann auf mich warteten.

Wir saßen dann alle in der Küche, tranken Kaffee und erzählten.

Leon hatte am Wochenende Geburtstag.

„Wir machen eine Party, da bist du sicher auch dabei, Isabella?" fragte mich Karen

ich schaute auf Anne, meine Mutter.

„Sicher doch", nickte sie.

Mein Herz hüpfte vor Freude.

Karen musste noch den Treppenaufgang des Wohnhauses fegen.

Ich begleitete sie nach draußen.

„Karen, ich möchte gerne Leon ein Geschenk kaufen, ich habe aber nicht viel Geld."

„Wie viel kannst du ausgeben?" fragte Karen.

„30 Mark", antwortete ich. Das war alles, was ich hatte, mein Erspartes von den Einkäufen. Das Trinkgeld hatte ich von Oma Linett.

„Ich habe ein paar Schuhe gesehen, die kosten 30 Mark, die sind ganz aus Leder. Leon kann Schuhe gebrauchen, und seine Größe weiß ich auch", machte Karen den Geschenkvorschlag.

„Super", willigte ich ein.

„Kannst du sie für mich mitbringen, ich komme ja nicht in die Stadt", sagte ich traurig.

„Na, klar, kein Thema." Karen lachte.

„Du wirst sehen, es wird ein Superfest!"

„Ja, ich freue mich auch", antwortete ich ihr.

Mutter kam mit Judith auf dem Arm aus dem Haus.

„Isabella, es wird Zeit für Abendbrot, hilf mir, die Kinder fertigmachen."

„Ja, ich komme mit. Tschau Karen", verabschiedete ich mich von meiner Freundin.

Leon hat heute Geburtstag.

Am Nachmittag schon war Leben total angesagt. Es kam Besuch über Besuch, Autos hupten, Leute riefen, begrüßten, küssten, umarmten sich, lachten.

Meine Geschwister waren schon draußen am Toben.
Ich saß noch im Wohnwagen bei meiner Mutter, die gerade Judith versorgte.
„Tut mir leid", sagte Mutter zu mir. „Charlie hat angeordnet, dass du mit uns gemeinsam zum Geburtstagsfest gehst!"
Ich sah sie an.
„Wir wollen doch keinen Ärger, oder?" fragte sie mich.
Ich schüttelte den Kopf.
Charlie lag noch vorne auf dem Bettsofa und schlief.
Ich kannte inzwischen den Zeitaufwand im Baderaum, den er benötigte, um zum Ausgehen fertig gestylt zu sein.
Er brauchte mehr Zeit als eine Frau.
Innerlich war ich wütend.
Alles, aber auch alles richtete sich nach ihm, nach seinen Launen und Gesetzen.

Ich fühlte mich völlig gefangen, eingesperrt.
Ich hatte inzwischen viele Pflichten, aber absolut keine Rechte.
Keine Menschenrechte.
Ich war ausgeliefert.
Es war keiner da, der mich beschützte.
Meine Mutter hatte die Kraft nicht.
Ich konnte auch nicht weglaufen.
Wo sollte ich hin?

Ich ging in den kleinen Baderaum, der ja noch frei war, und schaute in den Spiegel.

„Komm, jetzt reiß dich zusammen!" befahl ich mir, schluckte meine Tränen hinunter.

Ich verließ den Toilettenraum, ging in das winzige Kinderzimmer und suchte meine Levis Jeans. Meine einzige, meine beste Hose. Ich zog sie an, wühlte nach einem Pullover, dem man das viele Waschen nicht so ansah.

Ich bürstete mir meine langen dunklen Haare, ließ sie offen.

Nach dem Ich meine Zähne noch mal geputzt hatte, setzte ich mich auf das Stockbett und wartete.

Wie ich es vorausgesehen hatte, lange.

Irgendwann, es dämmerte schon, verließen Charlie, meine Mutter, Judith und ich den Wohnwagen, um im Haus von Onkel Alex und Tante Evita den Geburtstag von Leon zu feiern.

Als wir das Haus betraten, war die Stimmung schon voll im Gange. Wir wurden begeistert von allen begrüßt, vor allem Charlie, der bei allen Leuten beliebt war, weil er so lustig und freundlich mit allen seinen Bekannten umging.

Karen hatte mich schon ungeduldig erwartet, rief mich in die Küche zu sich.

„Schau, Isabella, ich habe den Schuhkarton noch schön verpackt!" Sie drückte mir die Schuhschachtel in die Hand.

Tante Evita, die wie fast immer in der Küche stand, um

etwas Essbares herzurichten, drehte sich nach uns um und schaute neugierig.

„Leon, komm her!" rief Karen ihren Bruder, der gerade im Türeingang stand.

Leon kam auf uns zu.

Karen stupste mich an.

„Los, gratuliere und gib ihm das Geschenk!" forderte sie mich auf.

Ich schaute Leon, der inzwischen vor mir stand, ins Gesicht.

„Ich gratuliere dir und wünsche dir alles Gute", versuchte ich mit fester Stimme zu formulieren.

Dabei überreichte ihm die Schachtel.

„Moment, Moment!" lachte Leon. „Da fehlt noch was."

Er hielt mich mit beiden Händen an den Schultern fest und küsste mich rechts und links auf die Wangen.

Ich war fürchterlich verlegen.

„Schau mal rein", lenkte ich ab.

Leon öffnete die Verpackung, nahm den Deckel des Kartons herunter.

„Oh, die Schuhe sind sehr schön!" Leon zog einen Schuh aus der Schachtel: „Die Größe stimmt auch, danke, Isabella"

Ich lächelte ihn an.

„Wie, Schuhe? Wie, Schuhe?" hörte ich Tante Evita, fast entsetzt rufen.

Karen, Leon und ich schauten Tante Evita erschrocken an.
„Ja Schuhe, es sind Schuhe, die ich gebrauchen kann", sagte Leon laut.
Man hörte nach Leon rufen, er verließ die Küche in Richtung Wohnzimmer.
Tante Evita hatte sich auf den Küchenstuhl gesetzt, rief ihre Tochter Karen und mich zu sich.
„Setzt euch beide, ich muss euch etwas fragen."
Wir nahmen beide Platz auf den gegenüberstehenden Küchenstühlen.
Wir hatten ein mulmiges Gefühl.
„Ja, Mama?" fragte Karen vorsichtig.
„Wer von euch beiden hatte die Idee mit den Schuhen?" Tante Evita musterte uns unerbittlich.
„Ich, Mama", gestand Karen.
„Aah, das kann ich nicht glauben!!!" Tante Evitas Augen funkelten vor Zorn.
„Karen, du hättest es wissen müssen, du als meine Tochter!" schimpfte sie weiter.
„Was ist daran Schlimmes?" fragte ich verständnislos.
„Man schenkt einem Mann niemals Schuhe, wenn man eine Frau ist", sagte sie.
„Warum nicht?" fragte ich nach.
„Weil er damit einem davonläuft, so ist die Legende", sagte Tante Evita völlig ernst.
Karen zog den Kopf ein.

„Trollt euch!" Tante Evita, machte eine beschäftigte Handbewegung, immer noch kopfschüttelnd.
Beim Rausgehen kicherten wir beide.
Ich gab Karen die 30 Mark.
So ein Aberglaube, lachten wir und gingen in den Partykeller.
Tante Evita, sollte natürlich recht behalten!
Als Karen und ich unten im Partyraum ankamen, wurden wir von allen Anwesenden freundlich begrüßt. Es wurden mir Jugendliche, die teils jünger, teils älter als ich waren, vorgestellt. Karen waren sie schon bekannt. Ich setzte mich neben Rosann, die mir eifrig Platz machte. Es lief wieder Schallplattenmusik, diesmal feurige rhythmische Melodien. Aus den Augenwinkeln heraus sah ich Leon, der mit Samantha tanzte.
Diesmal hatte Samantha ein enges weißes Kostüm an und wieder hohe Pumps. Das Kostüm umschmeichelte ihre fast perfekte Figur, brachte ihre weiblichen, runden Formen zur Geltung.
Sie umtanzte Leon, geschmeidig und graziös, und blickte ihm dabei tief in die Augen.
Was Leon sichtlich gefiel.
(Sie tanzt wie eine Katze, die mit ihrer Beute spielt, dachte ich bei mir.)
Während ich mich an dem Tischgespräch beteiligte, registrierte ich aber die Szenerie mit Samantha, was mich

einiges an schauspielerischem Talent kostete. Den anderen sollte es nicht auffallen, dass ich Leon und Samantha beobachtete. Deshalb unterhielt ich mich „super", natürlich gespielt.
„Wie alt ist eigentlich Samantha und was macht sie beruflich?" fragte ich Rosann offen.
„Samanthas Familie betreibt eine Hell Driver Show. Samantha und ihre Brüder sind Stuntman, Showfahrer" ,sagte sie.
„Showfahrer?" fragte ich ungläubig.
„Ja", erklärte mir Rosann weiter. „Die Familie organisiert billige Autos, und zeigen vor zahlendem Publikum ihre Fahrkünste. Zum Beispiel, auf zwei Rädern zu fahren oder aus brennendem Auto heil auszusteigen. Hell Driver Show, das läuft gut zurzeit. Samantha ist schon 19 Jahre alt, hat den Führerschein, ist der Star der Truppe", ergänzte Rosann.
Na Klasse, dachte ich bei mir, mehr Konkurrenz hätte ich mir kaum wünschen können. Ich sah unauffällig an mir herunter. Meine Levis, „mein bestes Stück", die Turnschuhe und das weiße Shirt - armselig!
Was konnte ich leisten außer putzen und aufpassen? schloss ich den Vergleich ab.
Ich fühlte mich plötzlich leer und müde.
Als kurz darauf Charlie in den Keller kam und mich in den Wohnwagen schickte, war ich froh.
Wollte mit mir alleine sein.

Ich legte mich zu Bärbel ins Bett und dachte nach.
Trotz meiner jungen Lebensjahre erkannte ich: Leon war nicht der Traumprinz, wie ich annahm, wie ich ihn sah und idealisierte.
Ja, Leon sah sehr gut aus, arbeitete fleißig, war beliebt, verwöhnt, doch er ging den bequemen, für ihn erfolgreichen, aber abenteuerlichen erlebnisreichen Weg.
Und ich?
Wie stellte ich mir eigentlich meinen Traummann vor? Er sollte schön sein, auf einem weißen Pferd sitzen, stark sein und mich beschützen?
Nein, ehrlich und verlässlich, das ist viel wichtiger, korrigierte ich in Gedanken meinen Traumprinzen.

Nein, ein ganz normaler Mann, der weiß was er will, der Verantwortung tragen kann, der nur ganz alleine mich lieb hat. Der mir eine Heimat geben kann, treu ist. Und das Allerwichtigste: der mir zuhört, mich versteht, mit mir redet über alles, der in meiner Seele lesen kann.
Das wünsche ich mir und nicht ein bisschen weniger!
Das will ich finden, schwor ich mir in diesem Augenblick.
Leon war das nicht.
Mit diesen Gedanken schlief ich ein.

Kapitel 34

Außenseiter

Die nächsten Tage verliefen wie gewohnt.
Ich verarbeitete tapfer meinen Liebeskummer, zog mich ganz zurück.
Rosann besuchte mich im Wohnwagen, in dem ich mich meistens alleine aufhielt.
Rosann übte weiter mit mir die „Reisende Sprache", die wichtig für mich war.
„Was ist das überhaupt für eine Sprache?" fragte ich sie.
„Du musst wissen, Isabella, dass wir als reisendes Volk überall unterwegs sind. Auch in anderen Ländern, sogar in anderen Kontinenten. Mit dieser eigenen Sprache können wir uns alle verständigen, uns unterhalten. Egal, wo wir geboren werden, in welchen Ländern mit eigener Sprache wir aufwachsen, unsere Sprache verbindet uns alle miteinander."
„Das ist absolut fantastisch!" Ich schaute Rosann erstaunt an.
Es klopfte an der Tür, und Tante Evita kam in den Wohnwagen, setzte sich zu uns beiden an den Tisch.
„Ich habe eine Frage an dich, Tante Evita",
eröffnete ich mein Gespräch mit ihr.
„Nur zu, Kind, frage", ermunterte mich Rosanns Mutter.

Ich nahm mir ein Herz und fragte gerade heraus: „Ihr seid alle so anders, Tante Evita!"
„Was meinst du mit anders?" fragte Tante Evita.
„Ihr seid alle so gut zu mir. Egal, wer auch immer auf Besuch kommt: Auch wenn sie mich nicht kennen, werde ich bei allen freundlich, respektvoll angenommen. Auch bei den Jugendlichen habe ich das erfahren. Was ich nicht weiß, wird mir sofort erklärt, und jeder setzt sich beschützend für mich ein, obwohl es für alle sofort ersichtlich ist, dass ich eigentlich gar nicht zu euch gehöre."
„Na ja, dass ich neu bin", schwächte ich meine Ausführung etwas ab, weil ich Tante Evitas hochgezogenen Augenbrauen sah. Sie signalisierte mir, dass sie das „nicht Dazugehören" anders sah.
Tante Evita zögerte etwas, suchte nach Worten.
„Ja, mein Kind", erklärte sie mir, „wenn man sehr viel reist, erlebt man sehr viel. Man begegnet guten und schlechten Menschen. Man wünscht sich, dass die Menschen wenig oder am allerbesten keine Vorurteile haben, uns fair begegnen. Die vielen, vielen Erfahrungen, die wir unterwegs machen, lernen uns „Fahrendes Volk", wie wir von manchen netten Leuten genannt werden, selbst Toleranz, Rücksicht zu üben, niemanden zu verletzen, der schwach oder anders ist.
Mit diesen Erlebnissen, die wir am eigenen Leib immer

wieder spüren, versuchen wir so gut wie möglich umzugehen.
Aber glaub mir, Kind, das klappt natürlich auch bei uns auch nicht immer.
Wir sind alle nur Menschen. Doch Künstler, Komödianten usw. sind eine große fahrende Gemeinschaft. Wir alle helfen uns gegenseitig, wenn irgendwie möglich.
Wir sind eine weit verstreute, große Familie, musst Du dir vorstellen, Isabella, und du gehörst natürlich, jetzt auch dazu.
Verstehst du?"
Ich nickte.

Als Tante Evita und Rosann gegangen waren und ich noch alleine blieb, hatte ich Zeit, nochmal über all die Lebensumstände der fahrenden Gemeinschaft nachzudenken.
Ich hatte in meinem „neuen Leben" die Gelegenheit, eine absolut neue Welt kennenzulernen. Ich habe Hochseilartisten, Zirkusartisten, Puppenspieler, Komödiantenfamilien, Musiker, Stuntshowleute, Korbflechter, Scherenschleifer, Töpfeverkäuferfamilien kennengelernt.
Sie alle waren unterwegs, mit ihrem Zuhause, dem Wohnwagen. Sie verdienten für sich und ihre Familien das Auskommen. Sie alle reisten im Verbund mit ihren Familien, die eine eigene Familiengemeinschaft ausmachte.

Es gab, keine Kindergärten, in denen die Kinder verwahrt wurden. Es gab keine Altersheime, in die man die alten Menschen brachte. Die Einnahmen wurden zusammengelegt, geteilt.
Familienverbund: Man lebte miteinander!
Alle diese Leute sind mir, dem Außenseiter, vorurteilslos begegnet.
Ich wusste nichts von ihrer Kultur, ihrem Verhalten, ihren Traditionen und benahm mich dadurch manchmal unsicher oder ungeschickt, unpassend. Trotzdem erlebte ich täglich für mich immer wieder verständnisvolle Beschützergesten, Mitgefühl, natürliche Fürsorge, unglaubliche Gastlichkeit.
Ich verglich ihr Verhalten mit meinem normalen früheren Leben. Ich dachte an die Schulzeit, an die hänselnden Kinder, die mich nicht als Freundin wollten, weil ich so abgetragene Kleidung hatte, weil ich nicht an Schulveranstaltungen teilnehmen konnte, die Geld kosteten. Ich erinnerte mich, dass ich die einzige Schülerin war, die sich nicht in die Poesiealben einschreiben durfte.
Damals war ich wirklich ein Außenseiter gewesen.

Kapitel 35

Charlies Launen

Es war mitten in der Nacht.
Wir schliefen alle.
Wortfetzen drangen an mein Ohr, der Wohnwagen wackelte stark.
Nein, es war nicht der Sturm.
Charlie kam nach Hause, registrierte ich im Unterbewusstsein und zog mich enger in die Decke zum Weiterschlafen.
Doch das ließ jetzt seine laute Stimme nicht zu.
„Anne, Anne, steh auf, ich hab Hunger."
Charlie lief zum Kühlschrank, ich hörte das saugende Geräusch der Kühlschranktür.
„Hier ist ein Steak, brat mir das, medium, denk dran", befahl er noch lauter.
„Aber Charlie, die Kinder schlafen, die weckst du auf", erwiderte Anne mahnend, die erkannte, dass Charlie betrunken war.
„Ich will sofort mein Steak, Frau", hörte ich, jetzt drohend!
An den Geräuschen vernahm ich, dass sich meine Mutter schon ans Braten machte.
Der Bratenduft zog unbeirrt durch den Wohnwagen und machte sich auch in unseren Kinderzimmer breit.

Es roch so gut, aber auch durchdringend, aufdringlich.
Ich wälzte mich Richtung Wand und zog mir das Kopfkissen über den Kopf, um die diskutierenden Erwachsenen nicht mehr mit anhören zu müssen.
Ich wollte weiter schlafen.
Der Wohnwagen wackelte stärker, ich hörte das Klappern des Bestecks, das jetzt nach einer Weile zur Seite gelegt wurde. Was nur bedeuten konnte, dass Charlie mit Essen fertig war.
„Nun, meine Liebe, wie wär's mit noch ein bisschen Musik?" fragte er meine Mutter.
„Charlie, bitte, die Kinder, es ist mitten in der Nacht. Lass uns doch lieber ins Bett gehen", schlug Anne vor.
„Die Kinder, die Kinder, ja, das ist eine gute Idee." Charlie stand plötzlich auf und riss mit einem Ruck die leichte Kinderzimmertür auf, stand urplötzlich in dem winzigen Raum vor unseren Stockbetten.
„Ja", sagte Charlie, jetzt bestens gelaunt.
„Aufstehen, aufstehen, Isabella und Bärbel raus aus dem Bett. Isabella tanzt für mich, Bärbel singt, rauskommen, aber schnell!" befahl er uns beiden, die wir inzwischen wach waren und ihn anstarrten, mit Nachdruck!
Wir kletterten, beide völlig desorientiert, aus unserem gemeinsamen Bett nach unten.
Charlie hatte sich inzwischen umgedreht, sich in die ausgezogene Bettcouch gesetzt, die vorne als Ehebett diente.
Er hatte sein Akkordeon genommen und fing an, sich

einzuspielen.

Bei unserer Ankunft im Küchenteil des Wohnwagens sagte er zu Anne, sie solle die Küchenstühle zur Seite räumen, damit Bärbel und ich, mehr Bewegungsfreiheit bekämen.

„So stelle ich mir das vor, jetzt ist Platz geschafft!" nickte er zufrieden.

Bärbel und ich standen nebeneinander in unserem langen geblümten Nachthemden und zitterten, wir wussten nicht, was auf uns zukam.

Anne stand am Küchenblock und wusste nichts dazu zu sagen, schüttelte den Kopf.

„Isabella, fang an zu tanzen, los, hör auf die Musik!"

Charlie lehnte den Kopf zur Seite, fing an, ein spanisches Lied anzuspielen. Er sah in diesem Moment zufrieden, ja fast glücklich aus.

Unbeholfen und steif fing ich an, mich zu bewegen, drehte mich im Kreis, ich war ängstlich, mir war kalt, ich konnte diese Situation absolut nicht einschätzen.

Mit einem disharmonischen Klang hörte Charlie plötzlich auf zu musizieren.

„Das da kannst du besser, streng dich an! Ich werde so lange spielen, bist du so tanzt, wie ich es kenne von dir", herrschte er mich bösartig an.

„Es liegt an dir, wie lange das hier dauert!"

Ich war vor Entsetzen starr. Meine Mutter wurde weiß im Gesicht und sah mich hilfeflehend an.

„Charlie, das Kind, du hast getrunken", schluchzte sie.
„Sie wird lernen, das zu machen, was man von ihr verlangt. Sie wird mir noch dankbar sein. Es steckt eine ganze Menge in ihr", setzte Charlie nach „Sie wird einsehen, dass sie sich nicht gegen mich auflehnen kann!"
Bärbel zitterte.
Ich erkannte, dass es ein Machtspiel mit mir war. Meine Augen suchten seine, ich starrte in seinen Blick, stand kerzengerade!
(Niemals kannst du mich brechen, niemals - das erzählten meine Augen.)
Er verstand.
Charlie sah auf sein Akkordeon, setzte erneut an, einen südamerikanischen Rhythmus zu spielen.
Ich spürte und begriff die aggressive Spannung in dem Wohnwagen, schloss meine Augen und versank in die Musikgeschichte, die ich hörte. Ich empfand, als wäre ich direkt betroffen, ich tanzte, lebte mit.
„Gut, gut, ich weiß doch, dass du's kannst!" Charlie war begeistert aufgesprungen, hatte das Akkordeon zur Seite gelegt und kam auf mich zu, umarmte mich, war völlig außer sich.
„Ja, Isabella, ja" ,seine Augen glänzten vor Freude, „da machen wir was draus, fantastisch."
Ich sah ihn abermals total erschreckt an. Als ich ihn so voller Freude sah, war ich vollkommen irritiert. So viel

Freude hatte er.

Charlie hatte mein Talent entdeckt. Ich wusste nicht mehr, ob ich ihn hasste oder doch irgendwie leiden konnte? Ich war völlig durcheinander.

Charlie klatschte begeistert: „Ja, meine Mädels, da können sich alle hintereinander anstellen. Jetzt, Bärbel, du bist dran", forderte Charlie bestens gelaunt seine Tochter auf zu singen!

Bärbel, die inzwischen hellwach war, räusperte sich und lief zu ihrem Vater, setzte sich neben ihn auf das Bett.

Charlie stimmte an. „Muss i denn, muss i denn, zum Städtele hinaus", sang das kleine Mädchen mit heller, hoher Kinderstimme, völlig fehlerfrei. Bei dem Refrain krähte sie aus voller Inbrunst, gewichtig, um der Geschichte noch mehr Ausdruck zu verleihen.

Am Ende des Gesanges klatschten wir drei, Anne, Charlie und ich, vehement und begeistert.

Was für eine Nacht, dachte ich bei mir und schaute zu, wie lange Charlie, seine Tochter herzte und küsste, in den Arm nahm.

„Jetzt geht schlafen", sagte er zufrieden.

Wir gingen beide ins Bett und versuchten uns in den Schlaf zu bringen, kuschelten uns aneinander.

Kapitel 36

Neues Geschäft

Ein neues Geschäft werden wir uns bauen, eröffnete uns Anne, als ich von der Schule nachhause kam, mit meinen Geschwistern im Schlepptau.
Anne wirkte glücklich und aufgekratzt.
„Jetzt wird vieles anders werden", sagte sie zu mir bei der Hausarbeit, die wir beide verrichteten.
Charlie hatte einen Transporter gekauft und baute Käfige und eine Ölheizung ein.
Ein Arbeiter, der bei Onkel Alex beschäftigt war, zum Aufräumen des Schrottplatzes, half ihm dabei. Es ging recht zügig voran.
„Morgen fahre ich nach Weinheim, da steht der Zirkus Romantika. Ich kenne Carlos, den Besitzer. Ich habe gehört, dass Carlos Tiere verkauft und frage ihn, was er loshaben möchte. Vorsichtshalber nehme ich einmal einen Transportkäfig mit.
Man weiß ja nie, wenn der Preis stimmt und wir uns einigen können, bringe ich gleich ein Tier
mit", ergänzte Charlie sein Vorhaben geschäftig.
„Gute Idee!" Anne freute sich und wir Kinder waren neugierig, was wohl geschehen würde.
Charlie kam in der Nacht nicht nach Hause.

Als wir am nächsten Tag von der Schule heimkamen, sahen wir schon von weitem das Auto von Charlie. Es war dicht an den Wohnwagen geparkt.

Neugierig beeilten wir uns alle, den Wohnwagen zu betreten, um zu wissen, ob Charlie erfolgreich, ein Tier eingekauft hatte.
Charlie und Anne saßen am Küchentisch. Sie lachten, waren guter Dinge.
Als wir hintereinander in den Wohnwagen stiegen, drehte sich Charlie nach uns um.
„Ja, neugierig?" fragte er uns belustigt.
Wir alle nickten, sahen ihn fragend an.
„Tja", er schmunzelte.
„Unser erstes Tier ist eingekauft", sagte er und hielt die Spannung.
„Was für ein Tier?" Meine Geschwister riefen alle durcheinander.
Ich verhielt mich abwartend.
„Es ist natürlich ein Affe", rief Charlie.
Alle Kinder klatschten und freuten sich.
„Ja, ein Affe, ein Affe, wie heißt er?" kam sofort die Frage.
„Fips, ich nenne ihn Fips, wie findet ihr das?" fragte Charlie seine Kinder.
„Super, super, Fips ist gut!" Die Kinder nickten und freuten sich.

„Wann können wir ihn sehen?" kam es direkt.
„Erst essen, Schulaufgaben, aufräumen."
Charlie schaute auf mich: „Danach wird es sein!"
Murrend setzten sich die Kinder an den Tisch und aßen, diesmal im Eiltempo, das Mittagessen.
Es wurde später Nachmittag, bis wir unsere Aufgaben gemacht hatten.
Charlie, der inzwischen etwas erledigt hatte, öffnete die Wohnwagentür.
Er rief uns nach draußen, um uns den neuen Affen zu zeigen.
Nacheinander verließen wir den Wohnwagen. Die Kinder diskutierten laut, wild durcheinander.
Ich ging als letzte durch die Tür.
Charlie stand jetzt vor dem Lastwagen und hatte den Türgriff des Wagens in der Hand, drehte sich nach uns allen um.
„Ihr werdet jetzt alle leise sein, das heißt, überhaupt wenig sprechen, das Tier ist scheu. Ist das klar?"
Wir alle nickten.
„Die Kleinen zuerst" entschied Charlie.
Nacheinander stiegen die Kinder in den Lastwagen, ich stand noch draußen.
Plötzlich, hörte ich ein lautes Schlagen, Bumpern und spitze laute Schreie, ein fürchterliches Rütteln, der ganze Lastwagen wackelte. Die Schreie, kamen von dem

Affen und die Kinder schrieen aus Angst mit, wollten nur noch aus den Lastwagen heraus.
Charlie, der die Türen des Fahrzeugs immer noch offen hielt, half meinen Geschwistern beim Aussteigen.
Nein - so hatten sich die Kinder die erste Begegnung mit dem neuen Tier, nicht vorgestellt.
Katharina weinte vor Angst.
Ich sah das Desaster und hatte keine Lust mehr, mir den Affen zu betrachten.
Charlie fasste mich ins Auge.
„Jetzt kannst du das Tier inspizieren", sagte er auffordernd.
„Nein, lass mal, ein andermal vielleicht", lehnte ich ab.
„Jetzt sofort und gleich", zischte Charlie!
Da war er wieder, dieser Befehlston, die Herrschaft über mich.
Ich sah in flehend an, aber er blieb stehen, hielt die Lastertür auf und gab mir mit einem Blick zu verstehen, dass ich nicht zu widersprechen habe.
Widerwillig stieg ich in den Tierwagen.

Da sah ich Ihn ... Fips.
Seine dunklen Augen starrten mich an.

Als er mich sah, zog er langsam den Mund auf.
Ich erkannte ein herrliches Gebiss, mit großen Zähnen.
Vor allem die riesigen Eckzähne oben und unten waren gewaltig.

Der Affe, der groß und schlank war, hatte sich in die Ecke gedrückt.

Man sah ihm die unsägliche Angst an, die er bei meinem Eintritt empfand.

Als ich mich jetzt bewegte, um wieder den Lastwagen zu verlassen, erschrak das Tier erneut. In seiner Verzweiflung, weil er nicht flüchten konnte, sprang der Affe tapfer vor und rüttelte mit seinen Händen und Füßen am Gitter des Käfigs, um mich zu vertreiben. Was wiederum mir einen Riesenschreck einjagte.

Schnellstens verließ ich den Tierwagen.

„Und, wie gefällt er dir?" fragte mich Charlie grinsend.

„Toll, ich finde in toll", traute ich mich ironisch spöttelnd zu antworten.

(Was ich mir heimlich dachte, konnte Charlie Gott sei Dank nicht wissen.)

„Du wirst dich noch glänzend an ihn gewöhnen", erwiderte Charlie kalt.

Beim Weglaufen überlegte ich, wie Charlie das gemeint haben könnte.

Mich beschlich ein ängstliches Gefühl.

Mein Gefühl gab mir recht!

In den nächsten Tagen, in dem mein Leben, gewöhnlich weiterlief, trainierte Charlie den Affen ein.

Vormittags, wenn ich in der Schule war, bekam ich davon

nichts mit.

Eines Nachmittags bemerkte ich, dass Charlie den Affen an einer dünnen Kette ausführte. Das klappte noch nicht wirklich, gut.

Der Affe hatte immer noch viel Angst vor dem Unbekannten draußen.

Fips fasste sich immer wieder an den Hals, wo das Halsband angebracht war, wollte das Halsband wegreißen.

Er warf sich auch auf dem Boden und wälzte und kullerte sich, um die Kette loszuwerden, die ihn führte.

Er schrie, sprang, versuchte zu beißen, um sich zu wehren.

Ich sah dem ganzen zu und fand es schrecklich.

Nach der einstündigen Tortur kam Charlie zu mir in den Wohnwagen.

„Du hast alles beobachtet, oder?" fragte er mich.

„Ja." Ich nickte.

„Das sieht schlimmer aus, als es ist", erklärte er mir, obwohl ich nicht darum gebeten hatte. „Jeder Hund oder ein anderes Tier läuft nicht freiwillig an der Leine. Alle Tiere fürchten das unbekannte Gefühl der Kontrolle an ihrem Hals.

Es ist Training, die Tiere daran zu gewöhnen, und dauert seine Zeit.

Beim Affen kommt auch noch hinzu, dass sie in sozialen Rangordnungen leben und nur das verstehen.

Das heißt: Der Tierbesitzer muss der Chef sein.

Das Tier muss sich unterordnen, und das muss man

auch, dosiert natürlich, mit dem Tier austragen. Das kann auch wehtun, entweder für das Tier mit Schmerzen oder für den Tierbesitzer!"

„Ich verstehe nicht ganz", stotterte ich.

„Wenn das Tier dich beherrscht, hast du verloren. Das Tier wird dich beißen, und du wirst das tun, was das Tier will, kapierst du? Entweder - oder, ein dazwischen gibt es nicht. Nicht bei Tieren, die Rangordnungen haben", erwiderte er!

„O ja, das ist wirklich heftig", antwortete ich auf die Ausführungen und war froh, dass ich damit nichts zu tun hatte.

Kapitel 37

Große Herausforderung Fips

Es war wieder einmal Spätnachmittag, ich saß noch an meinen Schulaufgaben.
Meine Mutter und meine Geschwister waren schon bei Tante Evita zu Besuch.
Es gab Kaffee und Kuchen, und ich beeilte mich, damit ich mit den Aufgaben fertig wurde und auch noch rechtzeitig zum Kaffeetrinken kam.
Beim Hinausgehen aus dem Wohnwagen hörte ich Charlie laut nach mir rufen.
„Isabella, komm her!" rief er.

Er sah mich aus dem Wohnwagen kommen.
Charlie lief gerade draußen mit dem Affen Fips spazieren.
Ich blieb stehen und schaute den beiden zu.
Fips hatte sich schon viel besser an die Leine gewöhnt, lief aber immer noch widerstrebend neben Charlie her.
Der Affe schickte sich schon an, ab und zu stehenzubleiben, um mit seinen Händen irgendwelche für ihn interessante Dinge aus dem Erdboden heraus zu wühlen und neugierig zu betrachten.
„Geht doch super, oder?" fragte mich Charlie.
Ich nickte.
„Das sieht wirklich gut aus", bestätigte ich.
„Alles Training, erinnerst du dich noch, was ich dir sagte?" fragte mich Charlie und fasste mich ins Auge.
„Ja, ich erinnere mich."
„Genau?" fragte er nochmals, irgendwie lauernd.
„Ja, sicher", erwiderte ich.
Inzwischen hatte sich Charlie mit Fips mir genähert.
Etwa zwei Meter noch standen die beiden von mir entfernt.
Fips tat geschäftig und wühlte in der Erde.
Ich betrachtete das schöne Tier.
Der Affe war etwa 1,20 Meter groß, wenn er sich auf die längeren Hinterbeine stellte. Er hatte ein schwarz schimmerndes glänzendes Fell. Auch sein Gesicht war vollständig behaart.
Das wirklich wunderschöne Gesicht war außerdem mit einer

weißen Bartpartie markiert. Links und rechts standen weiße Bartbüschel ab. Seine Augen waren groß und rund, tiefschwarz. Wenn er nach unten schaute, konnte man die komplett weißen Augenlider sehen, wie mit Kajalstift geschminkt. Auf seinem Kopf trug er eine regelrechte Haube, die in einer traumhaft schönen roten Terrakottafarbe leuchtete.

Wie eingefärbt, dachte ich.

Die kleinen Ohren waren im Fell versteckt.

Das Tier war gertenschlank. Am Hinterteil trug er stolz einen sehr langen Schwanz. Auch dieser war pechschwarz und am Ende mit einer weißen Quaste versehen.

Es war ein Rotkopfmangabe, wie ich inzwischen wusste, aus Afrika.

Ein wirklich seltenes bildschönes Tier.

„Isabella, schau mich an und höre mir ganz genau zu. Du wirst nichts sprechen, nur zuhören", befahl mir Charlie plötzlich.

Charlies Stimme hatte sich völlig verändert. Er sprach langsam, eindringlich und unnachgiebig herrisch.

Ich erstarrte, sah ihn an.

„Siehst du den Tierwagen, Isabella?"

Ich nickte.

„Siehst du, dass die Tierwagentür offen steht?"

Ich nickte abermals.

„Neben der Tür liegen links an der Seite Erdnüsse. Die habe ich vorhin schon dort hingelegt, für Fips. Das ist

seine Belohnung, er nimmt sie selbst mit in seinen Käfig. Die Käfigtür des Affengeheges ist herunter geklappt. Zum Schließen des Käfigs muss man sie nach oben drücken", führte Charlie seine Erklärung fort.
„Wiederhole alles, was ich gerade gesagt habe", verlangte Charlie von mir.
Ich wiederholte tapfer.
„Noch sehr wichtig ist das Schließen der Last-wagentür hinter sich, direkt nach dem Einstieg in den Lastwagen mit Tier. Falls der Affe sich losreißt, kann er nicht mehr nach draußen laufen und vielleicht entkommen. Wiederhole!" befahl Charlie erneut.
Völlig irritiert wiederholte ich seine Ausführung.
„Ja, dann steht jetzt nichts mehr im Wege und wir können loslegen"
Charlie war mit Fips an mich herangetreten und drückte mir die Kette, an dem das Tier angebunden war, in die Hand.
„Wenn du ihn loslässt, wird er davonrennen, und du kannst dir vorstellen, was dann los ist", drohte Charlie mir unverhohlen.
Ich stand da, zur Salzsäule erstarrt, mit dem großen Affen an der Kette.
Wirklich, ich hatte nicht eine Sekunde Zeit, meine panische Angst zu fühlen.
Ich wollte nur noch mit heiler Haut davonkommen, irgendwie diese Situation bewältigen, mich schützen,

überleben.

Ich vertrieb in einem Blitzmoment die Bilder, die aufkamen, die Narben, die ich bei dem Arbeiter sah, der einen Affenbiss abbekommen hatte. Die fleischige dicke große Wunde, die er mir an seinem Bein gezeigt hatte.

Fips war so ein stolzes Tier, das sich geschmeidig, kraftvoll, graziös und völlig kontrolliert bewegte.

Man spürte, beinahe körperlich, seine Überlegenheit und seine fast menschliche Intelligenz, wenn es darum ging, einzuordnen und seine Ziele zu erreichen.

Ich war total überfordert.

Ich starrte mit weit aufgerissenen Augen in das Gesicht des großen Affen, was dieser prompt als Herausforderung in der Rangordnung empfand.

Und los ging, die Aktion, die ich niemals vergessen werde.

„Du musst ihn mit der Kette eine überbraten, Isabella!"

Wortfetzen von Charlie drangen an mein Ohr!

„Zeig ihm, wer der Chef ist, das musst Du tun. Sonst weiß er, dass er überlegen ist, und wird dich beherrschen", schrie Charlie weiter.

Völlig hilflos und verzweifelt zog ich an der langen Kette, die an seinem Halsband befestigt war und ihn sicherte.

Der Affe wurde dadurch noch wilder.

Das Tier duckte sich zum Sprung, starrte mich mit seinen

Augen unbarmherzig an.

Er öffnete dabei langsam sein Maul und zeigte mir sein beängstigendes Gebiss: sein Verteidigungsinstrument.

Mir wurde schwarz vor Augen vor lauter Angst.

„Bring ihn in den Wagen, schnell, lass dich nicht anspringen!" hörte ich Charlies Instruktionen, von irgendwo weit her.

Ich löste meinen Blick aus den Augen des Affen, lief einfach los mit dem Tier an der Kette. Mit instinktiv kräftigen ruckartigen Bewegungen schleuderte ich das immer wieder sprungbereite Tier von mir ab.

Ich sprang fast so gut wie der Affe in den Tierlaster und warf mit der linken Hand hinter mir die Tür zu, wie mir Charlie befahl.

Was ich nicht bedacht hatte: Jetzt war ich mit dem aufgeregt aggressiven Tier völlig alleine auf mich gestellt.

Kurz vor seinem Affengehege, in das er natürlich nicht hinein klettern wollte, ging der Tanz los.

Das Tier sprang mich an, kletterte an meinem Körper hoch.

Es ging alles so blitzschnell.

Jetzt saß er halb auf meinem Rücken, halb auf meiner Schulter, packte in meine langen Haare riss und schüttelte mich.

Gleichzeitig sprang er vor Wut immer wieder mit seinen Hinterbeinen in meinen Rücken.

Ich schrie diesmal, brüllte vor Angst und riss an der Kette, die ich nicht losließ, bückte mich und schleuderte das Tier mit aller mir zur Verfügung stehenden Kraft des Entsetzens in sein Gehege.
Bei dieser Aktion riss der Affe mir ein ganzes Büschel Haare aus.
Blitzschnell verschloss ich die Gehegetür, sank nach unten, auf den Boden.
Ich fasste mir an den Kopf, zog die Beine fest an meinen Körper, umfasste sie, machte mich klein, zog mich ganz zusammen, weinte und weinte, zitterte.
Ich wollte nur noch sterben.
Warum, warum passiert mir das alles?
Warum muss ich leben?
Ich will nur noch Ruhe haben.
Ich will hier nicht bleiben.
Ich bin so unglücklich.
Ich bin hier ausgeliefert.
Wohin könnte ich gehen, wo ich mich ausruhen und wohlfühlen konnte?

Charlie öffnete vorsichtig die LKW-Türe und sah, dass ich das Tier im Käfig hatte.
„Hey", sagte er aufmunternd, „fürs Erste warst du richtig gut, du hast das Tier nicht losgelassen.
Ich wusste, dass du's drauf hast!"

„Lass mich in Ruhe, geh weg!" ich schrie hysterisch. „Weg, geh weg, ich hasse dich."
Ich schrie und schrie.
Mein Hass auf diesen Mann entlud sich, füllte meinen ganzen Körper, meine Seele aus, ich schrie und schrie.
Der Affe kam ans Gitter und schaute zu mir herunter. Dann rüttelte er mit ganzer Kraft, mit Händen und Füßen, an den Gitterstäben und fing auch an zu schreien.
Dabei fasste er aber Charlie ins Auge, drohte ihm.
Seine Schreie hörten sich komplett anders an, als die Angstschreie, die ich hörte, als er bei uns ankam.
Diese Schreie waren höchst aggressiv. Es waren Angriffsschreie, und sein Gegner war nicht ich, sondern Charlie.
Ich begriff, in einer Sekunde.
Der Affe wollte mich verteidigen.
Charlie warf wütend die Tierwagentür wieder zu, entfernte sich.
Ich saß noch am Boden, zitterte, ich fühlte mich aber ruhiger, weil ich meine Verzweiflung herausgebrüllt hatte.
Im Tierwagen war es völlig ruhig.
Der Affe saß am Gitter, sah auf mich herunter.
Ich beobachtete ihn aus den Augenwinkeln.
Auch das Tier betrachtete mich unauffällig, indem er an den Stäben irgendwas herunter kratzte, was nicht vorhanden war.
Wir checkten uns ab.
Nicht direkt ins Gesicht gucken, das ist in der Affensprache eine Herausforderung, dachte ich bei mir.

Ich tastete mich ab, ich blutete nicht.

„Bist auch ein armes Schwein, Affe!!" redete ich mit dem Tier, das ganz still war. „Dir geht´s so wie mir. Du musst dich anpassen. Wir beide haben keine Rechte. Wie wird die Zukunft werden?" fragte ich das Tier.

Fips konnte mir keine Antwort geben.

Der Affe hatte mich nicht gebissen, obwohl er dazu in der Lage gewesen wäre, das gab mir zu denken.

Naja, das Büschel Haare wird schon wieder nachwachsen. Irgendwie bin ich wieder mal gut davon gekommen, überlegte ich mir, als ich nach einer ganzen Weile später aus dem LKW kletterte und mir die ausgerissenen Haare von den Schultern streifte.

Ich ging in den Wohnwagen, ungewaschen zog mir meinen Schlafanzug an, legte mich ins Bett. Ich wickelte mich in meine Decke. Vielleicht schlafe ich ein und wache nie mehr auf, wünschte ich mir.

Meine Mutter kam ins Kinderzimmer und streichelte über mein Deckbett.

„Wie kannst du mit Isabella nur so brutal umgehen?" hörte ich sie mit Charlie schimpfen. „Das Tier hätte sie beißen, ja verstümmeln können", setzte sie nach.

„Beruhige dich, nimm dich zusammen, Anne", konterte Charlie. „Es ist ihr, ja nichts passiert. Ich weiß, was in ihr steckt. Sie hat die Leine nicht losgelassen, trotz ihrer Angst, und den Affen letztendlich in seinen Käfig

gebracht, wie, ist egal!
Sie wird sich an die Tiere, die ich noch kaufen werde, gewöhnen müssen.
Sie wird die Tiere füttern, pflegen, putzen und mir bei der Show helfen. Isabella wird jedes einzelne Tier mir entgegen bringen, wenn ich sie vorführe, präsentiere!
Das wird ihr Beruf werden.
Sie wollte doch immer einen Beruf!"
„Du kannst nicht so mit ihr umgehen", wiederholte Anne unter Tränen.
„Das ist so wie schwimmen lernen", erwiderte Charlie überheblich. „Man wirft sie ins kalte Wasser, dann lernen sie es am schnellsten. Überlebenswille eben. Und Isabella hat es drauf, glaub mir" ‚sagte Charlie fast spottend.

(Ja, ich weiß es, ich hasse ihn, dachte ich.)

Kapitel 38

Fips ist mein Freund

Irgendwie mochte ich Fips inzwischen.
Wenn ich von der Schule kann, mit den Hausarbeiten fertig war, besuchte ich Fips in seinem Wagen und brachte im Leckereien mit.
Er hatte inzwischen Vertrauen zu mir gefasst und fingerte mit seiner menschlichen Hand durch die Gitterstäbe, nahm mir vorsichtig die Sachen ab, die ich ihm hinhielt.
Onkel Carlos, Fips Vorbesitzer, war gerade zu Besuch da.
„Hallo, Isabella, ich habe schon gehört, du bist die neue Dompteurin von meinem Affen Fips. Respekt, Respekt!" Er nickte anerkennend und streckte mir die Hand zum Gruß hin.
Ich gab ihm meine Hand.
„Nein, ich bin keine Dompteurin", widersprach ich.
„Ich kann ihn nicht beherrschen, weil ich Angst vor ihm habe", erwiderte ich wahrheitsgemäß
„Ja, ja so ist das. Die Hierarchie. Aber glaub mir, mein Kind, manche starken Männer kriegen die Rangordnung auch nicht geregelt. Und du - er begutachtete mich - bist noch so jung und unerfahren. Aber weißt du, Kind, da gibt es einen Trick."
Wir setzten uns beide in die Küchenecke des Wohnwagens.

„Was für ein Trick?" fragte ich nach.

„Du musst dich viel um den Affen kümmern, das Tier beschäftigen. Es listig austricksen, dass er das macht, was du möchtest. Belohnen, erfreuen, neugierig machen. Da du eine Frau, ein Mädchen bist, sieht dich der Affe in der Rangordnung als seinesgleichen, als seine Affenfrau sozusagen. Er wird dich beschützen, verteidigen, auch mal böse auf dich sein. Klar, er wird dich vielleicht einmal zurechtweisen, aber nie ernsthaft verletzen. Du bist in seiner Hierarchie eben eine Frau, die zu ihm, zu seiner Gruppe gehört. Das ist ein großer Vorteil für dich, den du schlau nutzen kannst!"

„Na super, jetzt bin ich auch noch eine Affenfrau." Ich lachte.

„Du schaffst das schon", meinte Onkel Carlos überzeugt.

Die nächste Zeit war ich regelmäßig im Tiertransporter verschwunden.

Fips wartete schon ungeduldig, bis ich auftauchte.

Ich freute mich darüber.

Ich übte mit ihm jeden Tag das gegenseitige Vertrauensspiel.

Durch die geschlossenen Gitterstäbe steckte ich als erstes meine Hand, die mit Erdnüssen gefüllt war. Ich vertraute dem Affen, dass er mir dabei nicht in die Hand biss. Das Tier öffnete vorsichtig meine Faust, entnahm die Erdnüsse, steckte sie in seine Vorratsbackentaschen.

Er ließ meine Hand danach nicht los, mein Herz klopfte rasend vor Angst.
Ich bewegte mich nicht.
Er beugte sein Gesicht und betrachtete meine Hand neugierig, roch an ihr.
Dann begann der Affe meine Hand zu untersuchen, zu berühren, er entlauste meine Handflächen. Ich hielt ganz still, da ich inzwischen wusste, dass dieses Verhalten der Reinigung tiefes Vertrauen und soziales Dazugehören für das Tier bedeutete.
Irgendwann hatte er genug, ich zog langsam meine Hand zurück.
Eine tiefe Befriedigung erfüllte mich.
Ich fühlte, dass es dem Tier ebenso ging.
Die nächsten Tage spielten wir immer interessantere Vertrauensspiele.
Mit der Zeit öffnete ich immer mehr die Tür von seinem Käfig, schenkte ihm spannende unbekannte Sachen, meistens etwas zum Fressen.
Bunte Farben mochte er am Liebsten.
Ich fing an ihn zu trainieren, mit List.
Ich deponierte Süßigkeiten, Fleischstückchen, Erdnüsse usw. in der Nähe der Ausgangstür.
Der Affe beobachtete mich dabei, ihm entging nichts.
Die ganz interessanten Sachen, hatte ich in meiner Hosentasche: bunte Holzringe zum Spielen, die er nicht

verschlucken konnte, getrocknete Aprikosenstückchen usw.
Inzwischen durfte ich ihm durch das Gitter, den Kopf streicheln.
Er schaute immer dabei weg, mir nie ins Gesicht.
Das ging ein paar Wochen so.
Wir wurden irgendwie Freunde mit System!
Das Vertrauen war da, auf beiden Seiten!

Heute war unser großer Tag!
Nur der Affe wusste noch nichts davon.
Ich bestieg den Laster und schloss hinter mir die Tür.
Ich begrüßte „meinen Fips", der seine Freude über mein Kommen mir so kundtat, dass er sich aufgeregt hin und her bewegte, sich schließlich an die Gitterstäbe drückte, damit ich ihn streicheln konnte. Er genoss das sehr, schloss dabei seine Augen.
Ich redete beruhigend mit ihm und streichelte dabei das weiche Fell.
Nach einer Weile hörte ich damit auf und lief auffällig an die Ausgangstür des Lastwagens.
Der Affe machte einen langen Hals, um alles beobachten zu können.
Ich deponierte dort jetzt gut sichtbar für ihn eine Mandarine und ein paar Erdnüsse.
Fips lief inzwischen leicht aufgeregt hin und her.
In der Seitentasche meiner Jeans hatte ich Trocken-

früchte und einen bunten Holzwürfel versteckt.
Jetzt gilt's, dachte ich mir.
Ich sprach beruhigend mit dem Affen und öffnete komplett seine Käfigtür.
Fips stutzte.
Er stand jetzt ganz nah bei mir.
Vorsichtig streckte er seinen Kopf aus dem Käfig, schaute um die Ecke zu den begehrten Leckereien.
„Na, hol es dir", sagte ich mit schmeichelnder Stimme.
Der Affe ging wieder zurück in seine Behausung, drehte sich aufgeregt hin und her.
Er überlegte, ob er den Ausstieg riskieren sollte.
„Na, geh raus", sagte ich weiter auffordernd.
„Das Problem habe ich, wenn du nicht mehr in den Käfig zurückgehst", sagte ich, ironisch laut zu mir, um mir Mut zu machen.
Da sprang urplötzlich der Affe aus seinem Käfig, lief blitzschnell an die Tür, griff sich die Mandarine. Die Erdnüsse steckte er mit der anderen Hand in seine Vorratsbackenstaschen.
Da saß er nun an der Tür und sah mich an.
Bei mir war inzwischen Schwitzen angesagt, und lautes Herzklopfen.
Ich griff auffällig, wie ich es mir vorher ausgemalt hatte, in meine Hosentasche, holte die Trockenfrüchte nacheinander heraus, deponierte sie in dem hintersten Winkel des Käfigs.

Der Affe schaute interessiert zu, was ich da machte, und kam langsam mit seiner Beute auf mich zu.
Als ich jetzt noch den bunten Würfel aus der Hosentasche zog, das Spielzeug selbst begeistert hin und her bewegte und betrachtete, hatte ich völlig seine Aufmerksamkeit.
Betont langsam legte ich den bunten Würfel auch in die hintere Ecke seines Käfigs.
Ich blieb ruhig an der Käfigtür stehen.
„Steig ein, Fips, hol dir die Sachen, steig ein!" lockte ich mit klopfendem Herzen.
Fips hielt es von Neugierde nicht mehr aus und sprang dicht neben mir in seinen Käfig zurück.
Ich schloss schnell und vorsichtig die Käfigtür hinter ihm. Danach lehnte mich völlig fertig an den gegenüberliegenden Käfig, der noch leer war.
Fips begutachtete seinen Spielwürfel und machte zufriedene Brummgeräusche dabei.
Er war völlig entspannt.
Was man von mir nicht gerade behaupten konnte.
Ich verließ, den Tierwagen.

Tag für Tag spielten Fips und ich aufregende Austricksspiele. Durch meine listigen Aktionen, die ich mir immer wieder neu ausdachte, tat der Affe meistens, was ich von ihm wollte.
Er verließ in Ruhe den Käfig und sprang auch wieder

gerne in ihn zurück.
Wir übten beide langsam, „das Ausgehen", „Ausführen" in immer noch unbekannter Umgebung mit immer wieder unbekannten Geräuschen: Autos, Kinderschreien et cetera.
So lustig es auch klingt, der Affe Fips und ich hatten eine Aufgabe gefunden.
Der Affe vertraute mir, ich vertraute inzwischen dem Affen, blind.
Mit der Zeit klappte unser „Zusammensein" hervorragend.
Ich beachtete sein soziales Denken und lenkte ihn mit Intelligenz.
Nur bis auf einen Meter Abstand durften sich Personen mir nähern.
Keiner durfte mich berühren, wenn ich den Affen an der Leine hatte.
Auch Charlie nicht.
Fips hörte nur noch auf mich.
Er verteidigte mich mit ganzer Kraft.
Fips war ganz alleine „mein Affe".
Und wir hatten viel Spaß zusammen, waren unzertrennlich.
„Und, siehst du, was in ihr steckt, Anne", sagte Charlie stolz, er umarmte mich dabei.
„Ich wusste es", sagte er.
Charlie freute sich.
Ich sah ihn an und wusste nicht, was ich wirklich von ihm halten sollte?

Kapitel 39

Mein erster Schulstempel

„Wir fahren nächste Woche weiter", eröffnete mir meine Mutter vor dem Schulbeginn.
„Nimm alle Eintragbücher mit, Isabella, und lasst euch den viermonatigen Schulbesuch hier in Sandhausen mit Schulstempel bestätigen. Dein erster Stempel, Isabella!" Mama lachte.
„Passt auf die Bücher auf", ermahnte sie uns nochmals.
„Wo fahren wir hin?" fragte ich Mama.
„Zu Enrico, einer Hochseiltruppe. Enrico ist mit Papa verwandt", erklärte Mama uns Kindern.
„Sie können uns bei der Hochseilshow gebrauchen. Und wir sehen mal endlich wieder etwas anderes", ergänzte Mama zufrieden.
Ein neues Abenteuer, dachte ich bei mir.
Schlimmer kann´s wohl nicht mehr kommen!

Ich hatte mich wieder einmal getäuscht!
Ich konnte damals nicht wissen dass Politik
tödlich sein konnte und wir tagelang die Hauptbetroffenen in der Weltpresse wurden. •
Erahnen konnte ich auch nicht wie ungewöhnlich
und aktionsreich mein weiteres Leben verlaufen sollte.

Ein bisschen Nähe

Ein bisschen Nähe
ist alles, was ich will,
das ist doch
eigentlich nicht viel.
Ein wenig Schutz,
Zeit,
Geborgenheit,
Gemeinsamkeit.
Du gehst deinen Weg
ohne mich.
Lebst dein Leben,
siehst mich nicht.
Ich übe den Verzicht.
Ich habe dir verziehen
und vergeben,
für ein gutes Weiterleben.
Wir sind jetzt Freunde,
die sich gut verstehen.
Diesen Weg
können wir noch ein Stück,
gemeinsam gehen.
3.11.2011

Ich bedanke mich auch bei meinem Verleger Volker Reinfurt, bei unserer Tochter Jessica, die mich zusätzlich motivierte; bei meiner Schwester Carola, bei meiner Freundin Gudi, die mir immer zuhörte; bei Heidi Maue und Herwig Buntz für die Beurteilung und das Korrektur Lesen, bei Silke und Christian Nickel, die den Abdruck meiner Gedichte im „Wolfsteiner Heimatblatt" förderten.
Bei dem Künstlerpaar Trinididi die Zeichnerin und Globetrotter Chicken Baba und bei Rudi Kiefer.
Bei allen Freunden und Bekannten, die an mich glauben und hoffen, dass ich bei Erfolg den zweiten Teil schreibe.

Dieses Buch ist ein Roman. Handlungen und Personen sind frei erfunden. Ähnlichkeiten mit lebenden oder toten Personen sind rein zufällig.
Die Erzählung wurde durch eine wahre Begebenheit beeinflusst.

Über die Autorin

Ramona Nagiller, geboren 1957 in Kaiserslautern, verheiratet, eine Tochter.

Mich hat das Leben gelehrt.

Durch das viele Reisen und den Umgang mit verschiedenen Kulturen wurde meine Toleranz und Persönlichkeit geprägt.
Bald entdeckte ich die Liebe für denkmalgeschützte Baukunst, wälzte Literatur und Fachbücher.
Mein Mann und ich absolvierten Lehmbauseminare.
2009 kauften wir ein fast 500 Jahre altes Fachwerkanwesen in einer Kleinstadt bei Kaiserslautern und restaurierten selbst stilecht unser Traumanwesen.
Ein DENK- MAL Café- ist hier in der Entstehung.
Seit ca. dreieinhalb Jahre bin ich jetzt sesshaft.
Dieses antike Gemäuer gibt mir Ruhe und inspiriert mich zum Schreiben.
Meine Gedichte werden regelmäßig in unserem „Heimatblatt Wolfstein" veröffentlicht.